とうとき十字架（寶貴十架）

わたしのために　十字架を背負って
暗闇を照らした主に　感謝ささげます
わたしのために　血潮を流して
自由を与えた主に　感謝ささげます

とうとき　主イエスの十字架を
心からあがめます
なににもまさる　あなたの愛と
救いはとこしえに

U0938270

主耶穌　我感謝祢　祢的身體　為我而捨
帶我出黑暗　進入光明國度　使我再次能看見
主耶穌　我感謝祢　祢的寶血　為我而流
寶貴十架上　醫治恩典湧流　使我完全得自由

寶貴十架的大能賜我生命　主耶穌我俯伏敬拜祢
寶貴十架的救恩是祢所立的約　祢的愛永遠不會改變

（讚美之泉詩歌）

LAUDATE DOMINUM
OMNES GENTES
LAUDATE
DOMINUM

在 一份莫名的感動 驅使下記錄下來的 旅程

發現 神的榮光 遇見感動的生命和尋索信仰的 歷程

目 錄 *contents*

在長崎街中小巷
都會發現貓的蹤影

｜序｜不是遺跡｜葉向榮傳道（香港播道會同福東涌堂堂主任）

幾年前看了馬田史高西斯改編自遠藤周作同名小說的《沉默》，良久被她觸動。一個據說是宣教士墳墓的國度，卻又能育養出對信仰有這般深刻反省的基督徒作家。

不只於此，原來這段五百多年前充滿鮮血的宣教史，其實離我們不遠，近在咫尺的澳門，就曾是整個東亞和東南亞的宣教基地，不少赴日的宣教士都曾踏足澳門受訓，今日的名勝大三巴牌坊，就曾是宣教士受裝備的地方，部分更是長埋於此。

而九州的長崎，則曾經是幾百年前日本對外交流的唯一一扇窗。

2018 年，長崎一帶的隱秘基督教場址更被列入世界文化遺產。這可不是已灰滅的遺跡廢墟，而是經數百年禁教後，竟還有隱沒的信徒數百年來一直秘密地持守信仰。

是對信仰怎樣的認真才能咬緊牙關持守下去？

是怎樣的恩典才能保住他們將信仰代代相傳？

是怎樣的環境才令他們不致在歲月沖刷中沒被磨滅？

很想去看看。

然後，發現一對認識近 20 年的夫婦原來同受感動，且已多次到訪，拍片著書。

讀完這書，很能讓這些昔日的歷史遺蹟與活在今天的我們互動。沉重的歷史，並不是湮沒，神仍藉此向我們說話。

作為香港人其中一個心靈故鄉；日本，其實還有太多可以細緻發掘。

謝謝 *Daniel* 和 *Maggie* 為我們花心思時間去尋覓！

序｜享受長崎美景中、與神對話的旅程！

Linda Lau Hirata（Japan Community Co-op Mission tour operator）

長崎市是在日本九州、有約五百年歷史的國際都市。在江戶時代、長崎是唯一世界可以進入日本的城市、亦是日本人認識全世界的地方。

《沉默的感動。遇上日本長崎的尋覓之旅》是針對在明治維新時期、禁止基督教生存的命令結束後、很多外國宣教士進入長崎、建立了教會群背後的故事。這些老舊教會，在 2018 年被 UNESCO 登記為世界文化遺產、反映日本獨特的宗教情懷。

對於喜愛文學、歷史、文化的讀者可參考本書提供的資料，計劃自己的旅行。從教會歷史而言、可籍本書感受到在當時信徒從宗教出發、走過繁盛經歷打擊、表達痛苦掙扎、接受事實與寬恕後、安然依賴、看見信實的上主、迎接復興。希望大家從旅遊體驗中、明白日本信徒經驗軟弱的信仰、信賴基督生命、在主的時間再顯現復活。

攝自東京國立博物館的真品

穩健的信仰是這樣堅實地建立生命。神給每個人的路都不一樣、但相同的是要在個人沉默中、去發現祂的真實、有信仰歷程的反思。願這書能與讀者同行、體驗過去歷史、在現今的情景中、展望主要展開的將來、在恩典中復興、與主同行、參與其中！

沉默之碑（在長崎外海歷史民俗資料館對面）

｜作者序｜ 沉默的感動 遇上日本長崎的尋覓之旅

感動：這不是在計劃中的旅程

在 2018 年首次到日本長崎旅行時，記得那天下午四時多，氣來氣喘地跑上西坂 26 殉道聖人記念館廣場，可惜記念館剛關門了，唯有在廣場及記念碑前閒步拍拍照，就此有一種莫名奇妙的感動湧上心頭，久久難以平復，當刻還不太了解這段歷史事蹟，反而是感受到神在這土地上曾經深深的出現…莫名的同在感如此強烈！在沒有預先計劃地遇上的"尋覓沉默祈禱之旅"如命定中展開。多次到訪長崎的旅程中充滿著感恩感慨…發現神的榮光、遇見感動的生命和尋索信仰的歷程！

遇見殉道者的生命

緣起：這不是一本為寫書而寫的書

若果這等旅程沒有和自己的事奉人生拉上關係，我可能也不會有動力拿起筆來寫作，因為自己從來不是寫作的人，所以請見諒我不善以文字表達也不是甚麼專家和教授…

這本書；期盼將這幾年對這段"沉默"歷史的遇見、走訪尋覓之旅的足跡、以及對信仰的再思，在"一份莫名的感動"驅使下記錄下來。這幾年香港人都經歷著社會運動、嚴重疫情、移民離散、經濟不景…生活和心情都在變天，其實已不能只坐在教會裡當沒事發生過，懷緬及期待重覆從前的成功經驗，等待直到永遠！

奇妙地在這些幻變發生之前，我和太太偶然遇上“沉默”；沉默不獨是一套電影，也不只是一本遠藤周作的文學鉅著，它更是一段充滿信仰生命故事的歷史，顯現人與神的深度關係，掙扎在黑暗和榮光的時空之中，留待我們去尋覓和發現！

當我們走進往日的歷史和現今的經歷擁抱下，發現了上帝和信祂的人之片段及足跡，在這變幻的時代中開啓一道亮光，填補當下生活處境的啓迪，很想與你漫遊分享，或者成就屬於你在慣常生活以外的一份莫名的感動！

實際：這不是一本完全的旅遊讀物

真的，這不是旅遊資料書籍，但會結集多次旅程，重要景點、歷史故事、靈修再思、祈禱及簡單旅程計劃，除了運用文字也配合實拍優質相片和圖表（筆者曾是一位藝術設計及攝影創作工作者，所以這書由文本、編輯、設計及排版都一手包辦），期待盡力獻呈分享所見所思！

沒法想像會在荒野中（野崎島教會）

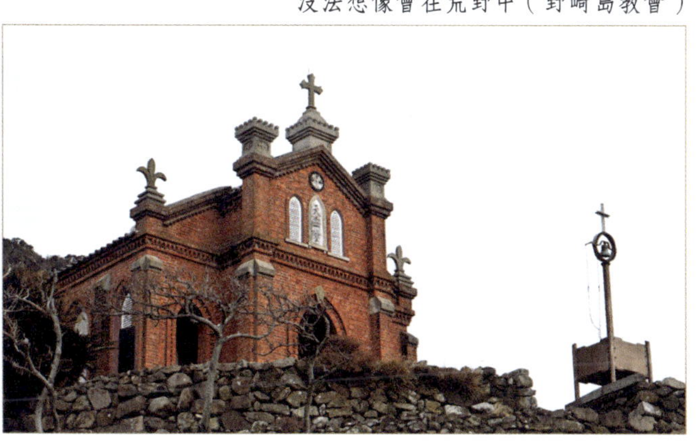

日本是很多香港及台灣人很喜歡去旅遊的地方，執筆時正值新冠後旅遊政策放寬，人們都急不及待要跑出去。我深深推薦除了去日本遊玩，也可讓自己去一趟尋覓祈禱之旅，相信你所獲得的會更有深層的營養，甚至開闊了信仰眼界，為何不嘗試一下呢？

2018 年正是日本這段信仰被迫害及潛伏信徒的歷史和其遺跡建築群，入選成為世界文化遺產之一，相信是萬事互相效力驅使我們好像上了寶貴的歷史課堂，也因此一步一步展開尋覓祈禱之旅。這段歷史所涉及的地方佔地遼闊，位處於日本九州西面，包括長崎市、長崎外海地區、五島列島、天草島原、平戶黑島（筆者在 2018、2019、2020 及 2023 分別多次到訪過其中大部份的地方）⋯旅程如一個由長崎市中心作為圓心的向外圍推展，這書也會按這進路來展開尋覓之旅。

大家準備好了嗎？來一同起程吧！

陳凱威 *Daniel*

9/2023

尋覓之旅的長崎地圖

日本長崎縣

被迫害及潛伏基督徒的歷史與
世界遺產所涉及的主要區域

記　起…

在 2014 年去日本廣島自由行旅遊時，我和太太無意間走到廣島世界和平紀念天主教聖堂，剛巧正有主日彌撒進行，也在那裡待了一會，心裡特別平和。當年自己正是在中國宣教事奉的尾聲（現在不少人很期待入中國事奉，我倆卻已經完成了一段差不多 10 年的恩典旅程），也在這天主教教堂前求問上帝之後的去向，是否要去日本宣教…這一刻仍記在心。不是去與不去的問題，是在那地方有一份莫名的平安，然後跟著幾年都有分別到日本旅遊。直到 2018 年太太因著飛行里數可優惠購買機票的意念，又剛看畢遠藤周作的**“沉默”**著作和電影，而且恰巧日本長崎有關潛伏基督徒相關歷史及遺跡，正式入選聯合國教科文組織世界文化遺產，那就不如這次去長崎走一圈吧！這樣就不經意的展開了這“尋覓沉默祈禱之旅”。這好幾年間走遍了日本長崎縣的多處相關地方；雖然遇見在歷史中悲壯又令人傷感的信徒受逼迫黑暗日子，但卻是讓我倆心裡豐盛的歷程…回想起來，是上帝引領我們去看見祂真實的足印呢！

廣島世界和平紀念天主教聖堂

取自網上圖片

沉默電影海報（2017）

沉默 SILENCE

有關小說“沉默”著作的簡要歷史背景：

自 1549 年聖方濟・沙勿略傳教士（*Francisco de Xavier (1506-1552)* 西班牙傳教士，耶穌會創始人之一），登陸日本鹿兒島，後來到了平戶展開傳教工作，日本開始有福音的種子生長起來，信徒也日益增長；而且有一些有權貴的人信主，如長崎港藩主大村純忠（1533 – 1587）是戰國時代九州的吉利支丹（*Christian* 基督徒日文キリシタン的譯音），而他的外甥就是島原半島藩主有馬晴信（1567 – 1612），他在范禮安神父的傳教下接受洗禮。這等有名有權的人成為信徒，而且熱心幫助當時的耶穌會傳教士植根日本，使更多歐洲傳教士來到長崎。所以傳教事業在日本九州地區發展相當之快，信徒人數也倍增，個別藩主的領地也自然成為傳教及訓練中心。如長崎港和島原等地區，在 1582 年更造就“天正訪歐使節”，是有史以來首 4 名在日本本土修院受訓的少年人，由范禮安神父同行下，長征出訪歐洲和參見當時羅馬教宗，受到歐洲人的熱情接待和認同。及後 4 名學習回來的使節亦作出了不少對日本往後的發展有深遠的影響和推動，可見當時天主教在日本九州的確處於豐收順境的年代！

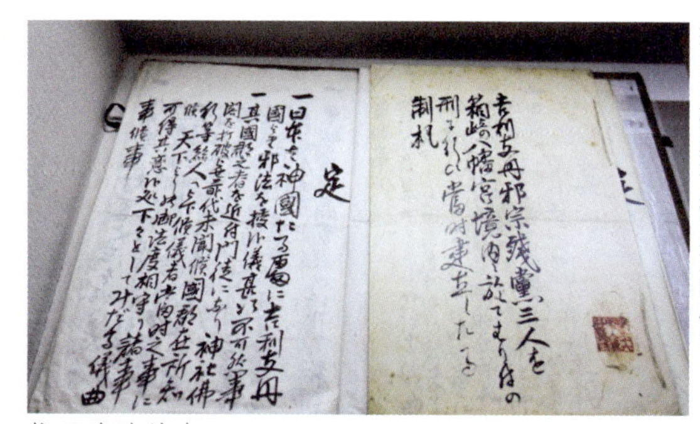

攝自 26 殉道聖人記念館的展品

伴天連追放令

直到 1587 年，一切彷彿逆轉來臨。豐臣秀吉統一九州以後，發現當地天主教原來勢力雄厚，一份威脅感孕育對西方人的疑慮日深。他同年頒佈“伴天連追放令”（“伴天連”是源自葡語中的“*Padre*”，即傳教士或神父），立定天主教為邪教，禁止外國傳教士在日本活動、並且將傳教與南蠻貿易嚴厲區分開來，對吉利支丹大名（“大名”是日本領主的稱呼，並對自己的領地具有很大的管治權力）進行限制，希望他們放棄天主教信仰，但在貿易的利益之下，還沒有施行嚴重的迫害。不過在這種疑慮的氛圍中，到 1596 年發生了聖菲利普號（*San Felipe*）事件；西班牙商船聖菲利普號在太平洋遇上風暴船身受損，需要進入土佐浦戶港修復船身，但因其艦長的殖民地策略言說（指歐洲商船帶著傳教士來的目的，只是歐洲國家入侵東方國家的策略），令當時日本政府產生極大的猜疑，於是下令沒收該船貨物和逮捕所有船員，後來更促使豐臣秀吉認定天主教，是西方人征服日本的手段。翌年（1597 年）在京都捉拿了包括傳教士、本土信徒及三位未成年的少年人共 24 人，由京都押送到長崎（對外貿易及傳教入口港）處死作為警示樣式。途中有 2 位照顧這 24 位信徒的同行者，因深受這些人的見證感動而自願加入處死行列。最後，共 26 人在長崎西坂山頭被釘十字架（長崎西坂的 26 聖人殉道事件）。

攝自 26 殉道聖人記念館的展品

踏繪（複製品）

當豐臣秀吉死後，進入了江户幕府時代，信徒人數仍在持續增加。接任領導的德川家康非常擔心信徒團結起來（在日本歷史戰國時代，戰國大名也會和宗教對持，鎮壓有時，如之前也發生過領袖織田信長與佛教的對立）。因此於 1612 年先後頒布了“禁教令”和“鎖國令”，那時估計有 70 萬天主教徒，就這樣開始了 200 多年的禁教鎖國的日子。大量信徒及傳教

元和大殉教：信徒被處火刑或斬首，包括耶穌會士斯皮諾拉（*Carlos Spinola*），他是澳門聖保祿教堂（大三巴牌坊）的設計者

士被迫害、有些變節棄教或逃難到荒野離島，甚至離開日本。另一方面，在 1637 年天草島原就發生了有名的“島原之亂”：沉重的無理賦稅，農民生活困難，加上個別的民間不公慘案事件，引發了農民抗爭。雖然在當時禁教之中有人已經放棄信仰，但因一位像預言一樣之少年“天草四郎”的出現作出領導及推動，率領失去盼望之信徒農民起來反抗。這群農民為主的起義軍最後佔據位於島原的原城作為基地，以天主之名與幕府爭戰了 4 個月的時間。最後 3 萬多名農民被殺（包括天草四郎），原城徹底被移平！筆者實地踏足原城跡這地方時，不其然有一種沉鬱的嚴肅靜默，而這場島原之亂的爭戰當然令幕府成了驚弓之鳥，加強了鎖國之決心！

因沉默這書 / 電影而對這段歷史了解的朋友或牧者，我看見大都止步於信徒受逼迫而已，也急不及待務實地運用這些信徒受逼迫的歷史來與今天一些近似處境作對比和例證等等…這是有點可惜和粗糙的了

天主堂
入口
日本之聖母
入口

解，當自己沒有刻意地進入尋覓之旅後，發現這只是歷史的一部份還未完整也不是最重要之處。在 250 年的鎖國黑暗迫害時期之後，當人人都認為基督信仰已經在日本被消滅，原來在神的恩典保守並信徒咬著牙根承傳下，信仰仍存留著種子！鎖國的政策由 1612 年直到 1853 年，之後由美國海軍準將培里領“黑船”（大型黑色軍艦）來到，史稱“黑船事件”，直接強逼要求日本開國，而其後鎖國和禁教令才漸漸放寬。開國後慢慢再有外國傳教士到日本，可以建立教堂，而座落在長崎市中心的大浦天主堂便是當時首批建造的教堂。此教堂於 1953 年被定為日本國寶之一。在 1865 年長崎的大浦天主堂建成和獻堂後，有一天當神父在天主堂內禱告時，有幾名皮膚粗黑的農民來到天主堂，跟神父說：“你的心和我的心是一樣的”表明自己都是信徒！這就是有名的“信徒再發現事件”，是恢復信仰自由的里程碑！由這時開始，信徒們都歡欣熱情的慶賀信仰再次自由，雖然生活仍是困難和貧窮，但在偏遠的地方，不同的信徒部落群建起一座又一座的小教堂，表達欣喜之外，也流露對神的無限敬畏和盼望！今天我們仍可以來到遠方的這些教堂，安坐其內靜默之中，彷彿還聽到信徒們的歡欣歌頌和敬畏神的禱告！

遇亨通的日子，你當喜樂；遭患難的日子，你當思想。
因為神使這兩樣並列，為的是叫人查不出身後有甚麼事。
（傳道書 7 章 14 節）

經歷際遇的變化使我們知道，從來生命不是掌握在我們的手中，而歷史讓我們可以反思和啓迪生命際遇的意義，在這幾百年日本信仰變天的日子，留下來的不只有遺物和建築，也不單是因為入了世界文化遺產的機遇，更重要是裡面呈現遇上亨通及遭受患難的故事、有血有肉的信心經歷，及上帝深深和歷史中的人同在的恩惠，相對於我們也有深厚的鼓勵！

潛伏信徒遷居到荒僻的野崎島

遇見日出日落創造之美…攝於日本鎌倉

感謝

親愛的天父

祢沒有在我生命中沉默，而且記得我引領我這缺漏的生命！

親愛的太太 *Maggie*

低調、能幹、滿有溫度笑容，同路同行使旁人能活出自己！

親愛的自己 *Daniel*

仍有一顆天真傻勁，做一些不是建起生命事業的傻事！

感謝生命中遇上每一位寶貴的朋友！

25 週年銀婚之際，剛巧這本書（我們一起尋覓的旅程分享），
尤如我們在上帝裡的節慶感恩！

簡單圖解 ｜ 日本基督信仰歷史背景 ｜

信仰之傳入 / 發展

1

基督信仰的傳入而且迅速發展

1549
方濟・沙勿略登陸鹿兒島，翌年到平戶

1563
大村純忠受洗，是戰國時代九州吉利支丹大名

1579
日本基督徒總數高達 15 萬人，大多聚集於九州地區

1582
天正派遣使節訪歐在長崎出發，1584 年見羅馬教皇

1587
豐臣秀吉在博多頒布伴天連追放令，開始禁止外國傳教士在日本活動

1596
聖菲利普號事件，引發翌年長崎二十六聖人殉道

1597
二十六聖人在長崎西坂殉道

1603
結束戰國時代，德川家康開展江戶幕府，信仰形勢急劇轉壞

信仰之禁教 / 鎖國

2

長達 250 年的信仰迫害及潛伏；黑暗時期

1612
於岡本大八事件中，有馬晴信（支持天主教的大名）被斬首

1614
全國頒行禁教令，各地進行踏繪分辨信徒及進行刑罰

1630
大量信徒殉教、潛伏、反抗或棄教，不少信仰部落群出現和自存

1637
開始島原之亂（一場信徒與政府之間的戰爭，加劇禁教和鎖國），翌年鎮壓（3 萬多農民信徒戰死）…禁教令更嚴峻，迫害信徒

1644
國內最後的神父（小西馬修）殉道，信仰進入潛伏狀態，在鄉郊（外海或天草區）建起部落群

1797
基督徒從外海區再遷移至偏僻的五島外島地區，經過艱難處境，孕育潛伏信徒傳統

信仰之潛伏 / 持守

3

困難處境孕育潛伏信徒 / 部落群的持守

1800
海島部落群的出現，如黑島、野崎島、久賀島等等，遠離禁教壓迫

1853
佩里來航（黑船事件），翌年簽訂神奈川條約…漸結束禁教和鎖國日子

1862
開國後第一間教會，長崎大浦天主堂建立

1865
大浦天主堂獻堂，一個月後發現潛伏的信徒 （信徒發現事件），基督信仰在黑暗時代沒有完全被殲滅

1867
禁教令近結束，但在長崎浦上區仍有壓制信徒及被捕…

1873
明治時代已開始，撤去對基督徒的禁制（默認基督信仰）

信仰之恢復 / 轉化

4

終於走出黑暗，面對改變轉化

1880
禁教黑暗時期過去，大量信徒歡欣地建立各地教堂，形成今天世界文化遺產教堂建築群

1889
頒布大日本帝國憲法，明文規定有信仰自由

1900
潛伏信徒的傳統延續或放棄回歸正統

1939
第二次世界大戰開始（昭和時代）

1945
美國在廣島及長崎投下原子彈，二次大戰結束

沉默之碑面對的海岸，是沉默小說的舞台背景

航機盛載著雀躍的心到達長崎機場，乘坐巴士大約 1 小時就可以到達長崎市中心，我們由長崎市中心起程，因為很多重要歷史資料、遺跡景點都集中在市中心區，這裡也有著各式各樣的旅館及酒店，交通網絡簡單並且非常便捷。基本上身處在長崎駅内的長崎市總合觀光案内所（大型商場交通總匯會在 11/2023 重建完成）就可以找到旅程所需要的資訊。尋覓之旅由這裡展開，尤如先閱讀了基本序言、目錄及重要核心資料，不急不忙地遇見整個歷史的維度發展，會是一個不錯的安排。

新長崎車站及商場

2022 年才通車的海鷗號

長崎與我：

…這地方對自身來說尤如老友記，充滿熟悉的味道；

不用地圖大概也去到不同景點遊歷…

坐在餐廳會喜歡聽旁邊幾位日本婦女在談天說地，縱使還未聽得懂…

多留意了日文文字及字型，然後嘗試去閱讀…

刻意跟隨文化，穿著深色較公整的衣服、長褲加上背包…

只 1000 円也可吃得豐富滿足…

清晨如日常生活般，先晨運行來行去和路上人打招呼…おはよう

長崎是一處怎樣的城市？

長崎縣由佐世堡、五島及福江島、長崎、豪斯登堡及雲仙島原等為重要構成，這也是日本在江戶時代最多接觸中西方文化也包括宗教之縣城，所以也是有名的商貿魅力之地，融合了多姿多彩的獨特氣息，到今天在大街小巷裡仍留存日常生活中處處可見…

但另一方面長崎在近代歷史中，也是經歷甚多的城市，由信仰的禁教逼迫到原爆的洗禮，走在長崎的街道上，還可以一點滴在城市的角落處，尋覓得到歷史的存在感，而當時的基督徒是怎樣走過這些困難歲月？長崎獨有的時空景像，加上人性的故事在其中穿梭，顯得份外吸引，這是最值得留下足印來凝望傾聽…

十四　貢札羅．加西亞（St.Gonzalo Garcia）：葡萄牙籍的印度人，40歲。是方濟各會修士，能夠説一口流利的日語

十五　布蘭科（St.Francico Blanco）：西班牙人，28歲。方濟各會神父。他的性格安靜，富有智慧

十六　米額爾（St.Francisco of St.Michael）：西班牙人，53歲。方濟各會修士。他的性格十分安靜，對人友善，人稱沉默的人。他被捕以後，一直保持沉默，直到被處死為止

十七　馬提亞（St.Mathias）：日本人，於京都被捕。原本並未列在逮捕名單上，但因洗禮名字相同遭到拘捕

十八　利奧．烏野（St.Leo Karasumaru）：日本人，48歲。在青年時代是一名佛教僧侶，後來一名耶穌會修士將他皈化為基督徒，是一名虔誠的傳教員和誦經員

十九　波那文圖拉（St.Bonaventura）：日本人，於京都被捕

二十　湯瑪斯．小琦（St.Thomas Kozaki）：日本人，14歲

二十一　若亞敬．榊原（St.Joaquin Sakakibara）：日本人，40歲。在修道院裡擔任廚師。他以前性格急躁，但信教以後變得十分謙柔

二十二　方濟各醫生（St.Francis）：日本人，47歲。是醫學傳教士，他曾經作為醫生隨豐臣秀吉遠征朝鮮，回國以後在方濟各修道院從事醫藥傳教工作

二十三　講道者湯瑪斯．丹生（St.Thomas Dangi）：日本人，36歲。出生於京都的基督徒，職業為藥劑師。他也是一位傳教員

二十四　約翰．絹屋（St.John Kinuya）：日本人，28歲。他以賣絲綢和布料為生

二十五　加白列（St.Gabriel）：日本人，19歲。他原本在京都做官，後來棄官進入教會，是一名傳教員

二十六　彼得．鈴木（St.Peter Suzuki）：日本人，49歲。是方濟各會最優秀的傳教員之一

雲上太陽的生命

長崎西坂 26 位殉道者名錄

（對應記念碑上由右邊至左邊的銅像）

一　方濟各．木地（St.Francis Kichi）：日本人。是基督徒木匠，為了照料方濟各會成員而同行，不料途中被捕

二　科斯梅．竹屋（St.Cosmas Takeya）：日本人，38 歲。是鑄劍師，在方濟各會中成為一名傳教員， 一直在大阪傳教

三　彼得．助四郎（St.Peter Sukejiro）：日本人，30 歲。神父委派的他一路照顧那些被捕者，他後來自己也成 為一名殉道者

四　米額尔．小琦（St.Michael Kozaki）：日本人，46 歲。是一名弓箭製造匠

五　詹姆斯．喜齋（St.Jacob Kisai）：日本人，64 歲。為耶穌會成員，於大阪被捕

六　保羅．三木（St.Paul Miki）：日本人，33 歲。在耶穌會的神學院接受教育，加入耶穌會，成為一名成功的傳教員。他在殉道以前一直高聲向人們講道，直到士兵將長矛刺進他的胸膛

七　保羅．茨木（St.Paul Ibaraki）：日本人，54 歲。由耶穌會士領洗入教。他的信仰曾經動搖過，後來在方濟各會士的關心之下成長。他與家人一直生活在貧窮之中，靠製作米酒過活，但還幫助比他更貧窮的人，並向他們佈道

八　約翰．草庵（St.John Goto）：日本人，19 歲。是耶穌會修士，人稱五島的約翰

九　路易士．茨木（St.Louis Ibaraki）：日本人，12 歲。是最年輕的殉道者

十　安東尼（St.Anthony）：日本人，13 歲。最初在耶穌會的學院裡受教育，後來則轉到方濟各會在京都的修道院裡，在步上十字架的時候，他還在唱歌

十一　鮑蒂斯塔（Peter Baptist）：西班牙人，48 歲。是方濟各會神父，殉道者的領袖

十二　馬丁（St.Martin of the Ascension）：西班牙人，30 歲。方濟各會神父

十三　菲律浦．德．耶穌（St.Philip of Jesus）：墨西哥人，24 歲。方濟各會修士。他來日本不久就在京都被捕殉道

為義受迫逼的人 有福了 因為天國是 他們的

長崎西坂 26 位殉道者之一

保羅 · 三木 ***(St.Paul Miki)*** 在殉道前的講道內容：“…你們全部都聚在這裡，請聽我說：我是生於日本的本地人，是耶穌的弟兄，我沒有犯罪，我現在面對死刑，是因為我一直傳講基督的真理。我感謝神讓我為此而犧牲生命，並看這死亡是一份由神而來的祝福。在這個重要時刻，可以信任我沒欺騙你們，我希望可以強調並無誤的向你指出，除了跟隨基督以外並沒有任何拯救，神的律法教我們要饒恕敵人，並得罪我們的，所以此刻我在十字架上說：我饒恕豐臣秀吉（迫害信徒及禁教之始的戰國時代領袖），我衷心盼望所有日本人也能跟隨基督！”

長崎西坂 26 位殉道者之一

路易士 · 茨木 ***(St.Louis Ibaraki)*** 年紀最輕只有 12 歲的殉道者：負責押送被捕者的官員寺澤半三郎見他年齡太輕，因此動了慈心，曾經勸他放棄信仰而說“快放棄信仰，你的命就得救了”。但路易士茨木卻拒絕了，因為一旦放棄了信仰就無法去天國了。不單如此，還問及“我的十字架是那個呢？”，之後跑到為自己幼小的身材而準備好的十字架旁邊，說道“天國、耶穌、瑪利亞”來表達自己的喜悅！

1 長崎市
Nagasaki

| 首篇 | 歷史榮光的環繞

日本 26 殉道聖人記念館 及 **大浦天主堂與信徒發現記念碑**是不能不來的重要地方，因為他們分別代表了這段歷史的時間座標，而且有相當豐富的資料和珍貴展品，是作為深入了解的起始點。

26 殉道聖人記念館

日本 26 殉道聖人記念館 （迫逼歷史的開始）

在牧會的時候，有教友在我們到訪長崎差不多的時間到九州長崎旅行，我問他有沒有來這裡看一看，他表達從不知道有這樣的地方，我心裡感到可惜！日本 26 聖人記念館及廣場，是充滿信仰饋寶和信徒榮光之地！當首次踏足這地方就很觸動，彷彿感到神在這土地曾深深臨在。這記念館在 1962 年，是這 26 位殉道者被羅馬教庭列為聖人 100 週年之時，建在西坂公園廣場之上。這裡有廣場、記念碑和記念館，廣場遊人不多，偶然看見有遊人散步或信徒在靈修，還不時看到貓兒在休閒睡覺。

廣場的焦點正是 26 殉道聖人的銅像大型記念碑（舟越保武 1912-2002；是銅像設計及製作人），26 個銅像並排而立就像當年被釘十字架時的景象。當你細心看的時候，會發現他們其實不是站著，而是腳掌離地好像正在被神接往天家之中，每位殉道者表情平和地散發榮光。銅像的藝術感和製作技巧出衆，在銅像正中下方刻有聖經經文：*若有人要跟從我，就當捨己，背起他的十字架來跟從我*（馬可福音 8 章 34 節）而在記念碑的前方石階，刻有 1597.2.5 的數字是他們當年行刑釘十架的日子。這 26 人中包括傳教士、本土同工、信徒和少年人，當時豐臣秀吉認定天主教是西方人征服日本的手段，所以在 1597 年在京都捉拿信徒作為警戒，行刑切去他們的耳朵，綁在牛車上，在嚴冬中從京都徒步走到長崎，行走了近一個月。本來是 24 人，但後來途中幫忙雜務的兩個人，因受到這 24 位預備殉道的信徒所感動，也自願加入受刑行列。他們被押解到長崎西坂這山頭，當時長崎是對外貿易之港口，又是最多信徒的所在地，這樣安排正正給衆信徒、海邊的商船和市民看見！26 位充滿勇氣的殉道者釘在十字架上被舉起，縱使現場是禁止圍觀，但在場仍有 3 千多人聚集。有的不懼怕地靜待著、有的發出嘲笑聲、有為家人而哭泣、也有在讚美和祈禱中呼喊告別殉道者。最後在十字

攝自 26 殉道聖人記念館的展品

架下兩旁的官兵用長矛刺穿他們的肋旁，26 位帶著無比勇氣的信徒，一個接一個的殉道而死！這成為往後不住迫害信徒行使酷刑的序幕。據稱在這之後，同一山頭先後有超過 600 人殉道，這算是為義受迫逼的天國之門，及令人肅默的靈性山頭。

隱藏在記念碑後方的記念館（筆者覺得更像日本基督信仰博物館），是不能錯過的寶庫，兩層的展廳內裡詳細記載了由聖方濟各 · 沙勿略到日本後至明治時代開國承認信仰自由的天主教歷史發展、擁有大量珍貴的信仰遺物展品、歷史文獻資料、禁教令下當時放在民間的木製令牌、甚至一些殉道聖人部份遺骨（天主教的聖物傳統文化）⋯是非常值得留半天時間細閱、默想和反思。有時看到一些感動人心的故事或物件，甚至可以獻上禱告。上帝不會善忘，祂必然記得這些人和歷史，相遇的每個小節，因為神是亙古到永遠的神！

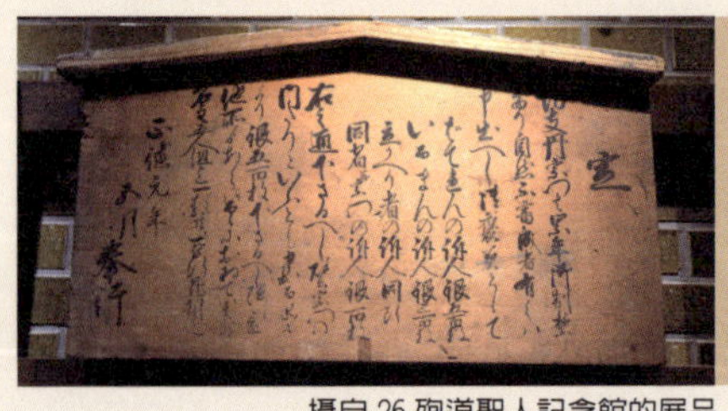

攝自 26 殉道聖人記念館的展品

若抓到任何基督徒，務必通知官府，以作獎賞：
如抓到司祭，會獎賞 500 個銀幣
如抓到參與服侍的弟兄，會獎賞 300 個銀幣
如抓到重新信基督教的，會獎賞 300 個銀幣
如抓到任何基督徒，會獎賞 200 個銀幣
如你是基督徒，你抓到任何信基督教的
會獎賞 500 個銀幣

旅程彩蛋

我們帶隊的尋覓之旅基礎篇，通常由這裡作為開始；日本 26 聖人記念館是在長崎市中心的重要景點，就在長崎駅 10 分鐘以内的步行路程，著實是十分方便，就算在旅行中抽一些時間來參觀，也是絕對值得。當然若果可以有半天時間，帶著禱告的心慢慢走遊，細心咀嚼記念館的記述後，漫步在廣場默想祈禱，可能會是深度的靈修時刻！在最近一次的遊歷中，筆者刻意租住附近的商務旅館，就可以清晨時份到來走走晨運，更遇上日出的美景，心靈開闊與主遇上！另外也提議可順道到旁邊滿有建築特色的日本 26 殉道聖人記念教堂參觀。

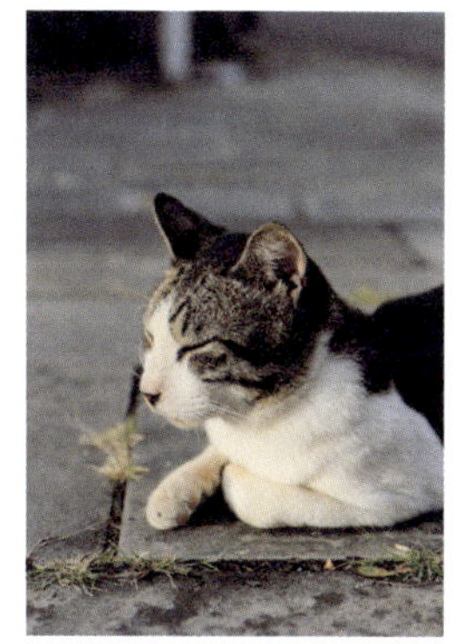
廣場中的貓兒

尋覓再思

這個時代在教會言說捨己和背十架已經不是“潮”的吸睛題目，因著消費主義的潛而默化，我們都喜歡說個人公平和權利，不過人生閱歷久了就會漸漸明瞭，若果沒有人先願意放下，其實很難說所謂公平，當每個人都要捍衛所謂理所當然的權利，在資源不足的處境下，就自然會容易你爭我奪，或以我對你錯的互相指控來取得利益…

施比受更為有福；信仰重點不是先說合理公平，而是行出捨己。這 26 位殉道者感動我的不只是他們如何在勇氣中慘烈受難，他們也不會沒有内心的掙扎時候，殉道不是說說笑吃吃飯的選擇，卻是信仰的全然價值和人生意義的賭上！無論怎樣；的確通過他們的決意捨去，真實影響及堅固了當時其他信徒的信心，也在這段黑暗迫害歷史上建起重要的磐石。試想想若每一位跟隨神的人，只愛選擇合理公平及爭取最好的自身或家庭權益，那就怪不得在時代挑戰來臨時，就和非信徒一樣一起盡快成為贏在起跑線的人。教會是生命影響生命的族群，唯有更多“願意甘心放下自己”的靈性，不只為求爭取得到最多，也不單站在道德、神學及事奉高地指指點點，那麼對社會才有深化的影響力和見證！不是嗎？

我深信神沒有忘記願意放下、不為自己強奪、甚至捨己的信徒！

為義受迫逼的人有福了，因為天國是他們的（馬太福音 5 章 10 節）

凝望著記念碑上的銅像，環顧西坂公園這殉教山頭，我們又會有甚麼醒悟和怎樣來禱告上帝？

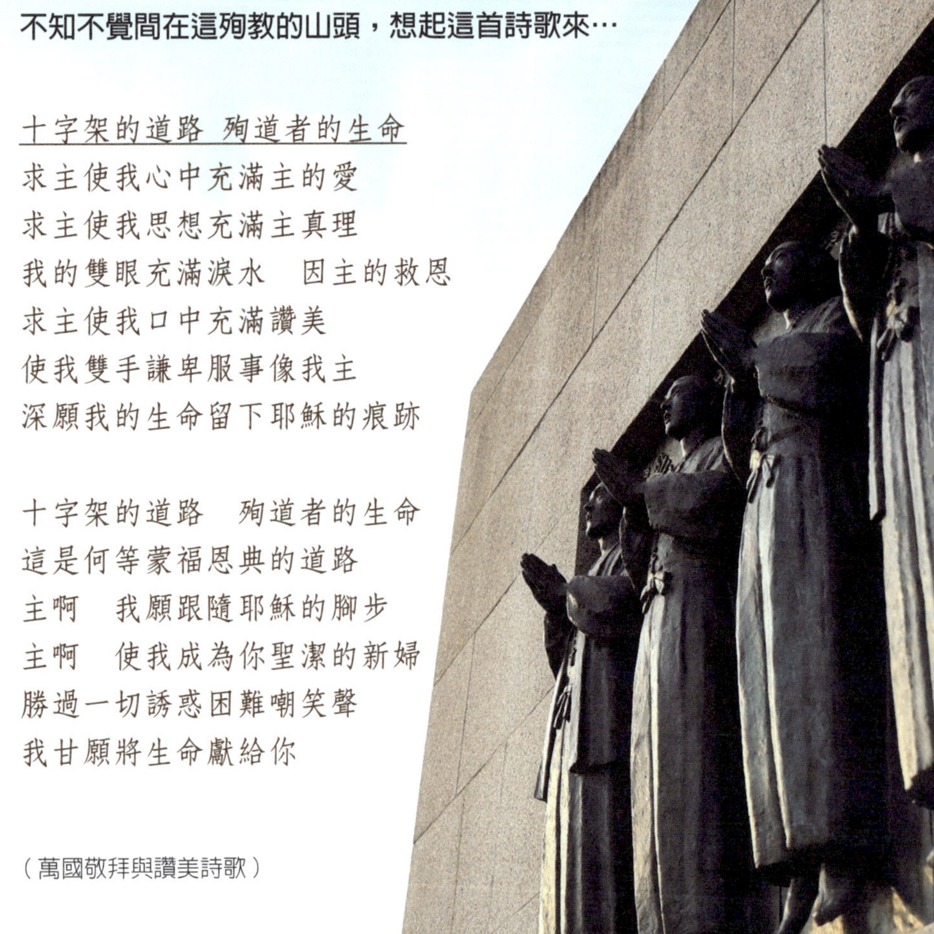

不知不覺間在這殉教的山頭，想起這首詩歌來…

<u>十字架的道路 殉道者的生命</u>
求主使我心中充滿主的愛
求主使我思想充滿主真理
我的雙眼充滿淚水　因主的救恩
求主使我口中充滿讚美
使我雙手謙卑服事像我主
深願我的生命留下耶穌的痕跡

十字架的道路　殉道者的生命
這是何等蒙福恩典的道路
主啊　我願跟隨耶穌的腳步
主啊　使我成為你聖潔的新婦
勝過一切誘惑困難嘲笑聲
我甘願將生命獻給你

（萬國敬拜與讚美詩歌）

舊記念石碑

這首歌的作者是筆者從前所事奉的宣教機構領袖，他真實付上代價的宣教背景，使有足夠屬靈份量寫出這種生命力的歌詞！好像正配合這 26 位殉道聖人的心聲，能遇上這樣獻上自己來跟隨神的生命，是一種屬靈福份，更看見自己需要卑微學習！

記念館在記念碑後方

西坂公園

筆者在 2018 年的留影

26 殉道聖人記念教堂

1 長崎市

Nagasaki

信徒發現記念石碑

"外國人 外國人 你的心 我們的心 是一樣的"

大浦天主堂

｜大浦天主堂與信徒發現記念碑｜（迫逼歷史的結束）

這次“長崎 26 聖人殉教事件”，揭開了日本大規模清洗、迫害信徒的序幕。到後來江戶幕府政權，更發展至全國禁教；驅逐傳教士、關閉教堂，進入 250 年的信徒大迫害苦難時期。幕府開始全面搜捕信徒，以極刑逼迫他們“棄教”，其中以踏繪制度來迫使信徒在信仰與迫害之間作出抉擇，使信徒對基督的信仰漸漸潛入地下。全面禁教後的首 20 年間，幾乎所有仍居住於日本的外國傳教士都被追查到案，他們遭到處決或驅逐。那時日本的信徒中，約有 9 成遭逮捕，並且被迫放棄信仰或以極其痛苦的方式遭行刑，而對付不肯棄教的信徒的標準酷刑；包括水刑、蛇坑虐待、面部烙印、竹鋸鋸首、木馬酷刑（將重物捆綁在信徒腳上）、火燒、溫泉滾水淋身以及（來自西方並被江戶幕府積極使用）十字架釘刑！

雲仙煉獄（殉道信徒記念碑）

有名的“踏繪”其實是耐用的銅版基督信仰浮雕，牢牢鑲嵌於厚重的木框之內，浮雕主題通常是十字架、耶穌基督或聖母像等。政府官員會要求所有村民去踐踏、咒罵、侮辱並吐口水於那幅畫上，好證實自己的“非基督徒身份”。當中有些是真的棄教，但也有不少只是表面放棄信仰。這些表面棄教的信徒，生活中帶著別人歧視的眼光、內心的自責，隱姓埋名潛伏在暗中，以不同方法如偽裝成佛教徒、暗藏地庫的觀音像其實背面刻有十字架、隱藏冒險地進行聚會、在這段期間默默忍受沉重的壓迫和內心來的恥辱控訴，這些人看似是

失敗者，不過在鎖國的200多年間，因著他們的“沉默”堅忍，信仰的種子並沒有被滅絕！直到1865年日本再次進入開國時代，政權及宗教政策漸漸改變，在長崎一處小山丘上，重新進來日本的傳教士新建起的大浦天主堂（日本現存最古老的天主教建築，最初名為26聖殉教者堂，當地人稱為法國寺，因為建立的為法國神父），就正正遙望200多年前26人殉教的西坂山頭。當所有人都以為在漫長的逼迫中，所有信徒都在日本消失滅絕了；然而卻在一個平常的下午，教堂內的珀蒂讓神父正在跪下禱告之際，忽然聽見有人悄悄進來，是一群膚色黝黑的農民，其中一位走近神父，帶著凝重的表情說：**“外國人，外國人。你的心，我們的心，是一樣的。”**激動中表明自己是潛伏信徒！及後，珀蒂讓神父發現在長崎遍遠的離島五島和郊野荒地，仍有不少信徒部落隱藏著，這是震驚當時天主教教庭的**“信徒發現”**事件。

來到大浦天主堂附近，就有一種熟悉感在心頭，有點像澳門的大三巴（聖保祿教堂），上教堂的斜坡路上兩側已經相當商業化，都是充滿手信和美食店鋪，要越過重重喧鬧的人群才來到教堂的前方，就會“發現”這個信徒發現記念石碑！巨型石碑雕刻了發現的情景，背景正正就是大浦天主堂。

通往大浦天主堂的商業化街道

看著這觸動人心的歷史片段，這些潛伏信徒相比當時選擇殉道的，看似軟弱逃避，但誰也想不到，他們在禁教 200 年來的“沉默”，以卑微和犯險保護了珍貴的信念，使信仰能承傳延續…他們難以想像的堅忍能力從那裡來？誰跟他們一起令他們心裡在好像在沒有盼望下，仍不至全然放棄？

“信徒發現”事件像一度耀眼的彩虹，見証及象徵禁教迫害時期漸漸過去，信徒重獲自由的新天新地黎明到來！

旅程彩蛋

1865 年大浦天主堂的信徒發現，正正對比著 1597 年發生的 26 聖人殉道事件，通過這兩處相隔 250 年的故事和遺產，可以簡單地了解日本禁教迫逼歷史的開始和結束。這兩處地點相距不遠，是很不錯的信仰靈性簡易一天行。大浦天主堂附近就是哥拉巴園，是美麗的古樸歐式花園，同樣充滿歷史感，而內裡滿有風味的西點餐廳，據說是當時日本第一家的西餐廳，也可一嚐有名的長崎蛋糕和香濃咖啡。

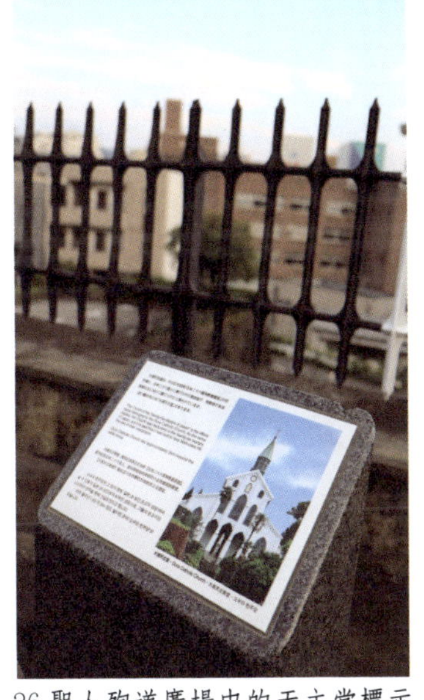

26 聖人殉道廣場中的天主堂標示

尋覓再思

現今我們常在社交媒體上看見不少屬靈領袖所展示的，多數是忙碌到不得了，週圍去建立人際網絡，處處展現出成功顧問階模的刻版樣式…日本 250 年的大迫害苦難時期，信徒及領袖都沒有這樣的成功權威形象；反而真實盛載著生命力的信仰曙光，為神所用的器皿，卻是看似軟弱底層的農民潛伏信徒！他們有的只是自製的殘缺十字架、從前司祭教導的聖經手抄版片語及無盡的生命恐懼與威脅，在滿滿焦慮中，只能緊緊握著十字架對上帝的呼求和等待。起起跌跌的真實信心生活，仍存一絲希望是所信的上帝會保佑他們。這樣就一代接一代地承傳所信，是堅忍保護信念價值的“屬靈領袖”，沒有他們就不會有信徒發現的事件！回想再思其實成功及成就在上帝眼裡，究竟應是怎樣詮釋的？

我相信有一件事可以肯定；耶穌柔和謙卑地陪伴著這些領袖說：
“凡勞苦擔重擔的人，可以到我這裏來，我就使你們得安息。”
（馬太福音 11 章 28 節）得安息最重要是“相信”，而不再倚靠甚麼了！

身處在長崎外海歷史民俗資料館（118 頁），凝望展品中這小小破舊的十架（是當時信徒遺物也是寶物），想到擁有它的潛伏信徒…眼淚自然流下…已說不出甚麼話來！今天在平靜又甚麼都手到拿來的我們，真的有點身在福中不知福之感…

天父：在今天彌漫著成功和成就主義信仰氛圍下的教會生態，我們很難想像祢奇妙地呼喚了一群被看為軟弱無名的“吉次郎（沉默小說中的弱者角色）”來保護信仰承傳！軟弱的人自感卑微，不得不依靠神才能在困難日子中心存忍耐，相信他們根本沒有想自己可以來幫助祢甚麼，而只是在委屈求存中仍然時刻記得祢！感謝天父寬厚的恩待生命，生命才會顯出屬祢的光芒。

禱告奉主名求，阿們

攝自長崎外海歷史民俗資料館的展品

潛伏信徒的寶貴禱告書

當年雲仙是以火燒、溫泉滾水淋身的刑場，今天是受歡迎的溫泉旅館旅遊勝地…

二篇 | 信仰深度的停留

遠藤周作的妻子對文學館的寄思

我先生初次來這裡的時候，望著外海的寬闊的
大海，高興得説道“是神專門為我留下的地方”
這裡是夕陽非常美麗的地方。希望這裡能
成為整天忙碌于生活的人們來到此處
把視點從生活轉移到人生
考慮“人生是什麼？”的地方

對信仰沉思的遠藤周作 （遠藤周作文學紀念館）

遠藤周作的妻子（遠藤順子）對文學館的寄思是思索空間入口的提字，“人生是什麼？”也許是遠藤周作的作品重要的思緒之一。他一生的著作書目多達 200 多本，是一位以信仰中的掙扎來“服事”及作見証的事奉者；也可以算是一位用著作來分享所思的牧者，他開拓了筆者在信仰上的眼界，神給人的恩賜 / 禮物，可以用不同方法去幫助別人來遇見神。不過先要自己親身經歷與神的格鬥，尤如舊約聖經中的雅各，經歷抓著人生種種與神角力，以個人尋索上帝中的真實掙扎路程呈現。

遠藤周作文學紀念館

遠藤周作自小跟隨母親信奉天主教，但又懷疑作為日本人的自己是否真正天主教徒。他一生在尋覓信仰答案的同時，也對同胞在尋求上帝的疑問“心裡著急”（使徒行傳 17 章 16 節），所以盡力摸索及度身訂造出適合日本人感性與認知的基督形象，在其作品中可以看見，他自己也在這樣的場景中跟自我在鬥爭。他的著作眾多，比較為人所知的有“沉默”（1966 年）和“深河”（1993 年），而前者算是其中的經典。1965 年他在長崎旅行時，到訪了大埔天主堂，因為想避開人潮而來到旁邊的十六番館的西式建築物，在一個玻璃展示櫃中無意遇上了“踏繪”。最吸引他的不是中間的聖像雕刻，卻是圍在雕刻木邊像腳趾印一般黑黑的留痕，這應該是眾多人踐踏過而造成！是遠藤周作初次邂逅沉默的種子，後來“沉默”小說的故事背景就是取材這段悲壯的歷史作為舞台，也設定長崎外海區（即文學紀念館所在處）為故事的發生地。他在創作“沉默”故事時，身為少有的日本天主教徒作家，刻意沒有使用教會思維進路，只歌頌殉道者（聖人）的情操和對上帝的崇敬，而是面向所謂“常態”失敗的棄教者入手，這些人在沒有壓力時信教，在挑戰來臨時就放棄，反反覆覆但又沒有完全放棄信仰的異類。這些常態“失敗”的棄教者與“特別”的殉道者，在沉默小說中互相牽引，是他自身對信仰尋覓的真實呈現。遠藤周作見證二次大戰前後日本的變化、文化衝突及信仰掙扎中，以文學觸動了當時的日本戰後人民心靈的痛點：日本人的信仰是甚麼？生命的堅持在那裡…等等生命義意的問題。小說在上世紀 60 年代初初版就賣得幾十萬本，不是沒有理由。

遠藤周作“沉默”小說著作的故事簡述：

攝自 26 殉道聖人記念館的展品

潛伏信徒冒險保存的雪地聖母像

1587 年戰國時代末期的大名豐臣秀吉開始對基督信仰態度有所改變，發佈“驅逐司祭（神父）到國外的命令”，勒令國內禁止基督信仰活動，及後更加迫害當時的教會（天主教）及信徒，在這樣動盪的背景下，故事在此展開。天主教耶穌會派往日本的費雷拉神父在德川幕府的迫害下放棄天主教，這消息傳回祖國，他的兩位親密學生洛特里哥神父和蓋洛普神父，不相信神聖的老師會有如此錯敗失誤，所以千方百計要求耶穌會批准他們親身前往，處於迫害天主教徒的日本來查明真相，展轉之後來到澳門；當時耶穌會的宣教基地，最終遇上流落他鄉的日本人吉次郎，在波濤風浪中一同踏上“沉默”之路。

主要故事脈絡落在洛特里哥神父身上，他在生命路程中經歷種種連他自己也想不到的遭遇，由他初到日本遇見正在忍辱偷生的日本村民信徒，受到他們的接待、歡迎及保護，本土信徒對司祭的渴慕，盼望引領他們遇見天主。洛特里哥神父也暗中為他們舉行聚會和聖禮，後來他跟同來的蓋洛普神父分道揚鑣，洛特里哥神父跟隨遇見的五島村民到達位於離島更偏遠的五島這地方，在村莊裡建立生命，服侍村民，而且也為吉次郎告解，重建吉次郎充滿失敗與內疚感的信仰。這也是洛特里哥神父在故事中最恩惠滿足的時刻，因為他看似能夠真實幫助這個國家的信徒及鞏固他們對神的心。

但故事很快就急劇轉變，當司祭回到原先到達的友義村村莊，原來當地的信徒已經被政府官員發現，洛特里哥神父親眼看著信徒領袖茂吉等人被捕折磨而殉道。他的禱告似乎落空了，而且多次棄教的吉次郎吐出心底真實的困惑，“神為甚麼賜給我們這樣的痛苦呢？我們甚麼壞事也沒做”。吉次郎尤如洛特里哥神父的信仰黑暗影子，在受迫害逃命中的洛特里哥神父開始認同及疑惑神為何沉默？後來洛特里哥神父終於被捕，看來他在整個故事穿插想像默想基督的聖臉，正跟他的遭遇在不斷的轉化，本來是聖潔、光明、溫柔及鼓勵的，漸漸成為黑暗、軟弱和無望的。當有一刻他在牢房中聽到同牢中的信徒在祈禱低語的聲音時，曾燃起片刻的曙光，但光明一刻間成為更深層的震驚，牢房面前的無辜者頭顱被扻下（沉默電影內容），血如無情的雨散落，在驚恐中他不禁崩淚。還沒完結的是官員刻意帶他到長崎海邊接受挑戰，信徒被草蓆卷起來扔入深沉的大海中，而且眼巴巴的看著自己的同僚好友蓋洛普神父的殉道…一次又一次的沉重無望的結果，在幕府官員附加給他的錯誤及罪狀言說中，洛特里哥神父離他認為是恥辱和失敗的棄教不遠了。或者對洛特里哥神父來說他若可以選擇，是情願為主壯烈的殉道，比恥辱的棄教好上千百倍，但這可能就是神的選召，他的命定。

攝自 26 殉道聖人記念館的展品

用來囚禁信徒的木牢（只約 3 呎的體積）

幕府官員井上大人有些像聖經中魔鬼試探耶穌一樣，出盡辦法誓要使神父屈服於他的理念信仰，更安排他的師父：棄教的費雷拉神父與他見面，來試圖說服他，跟費雷拉神父一樣的選擇承認自己所信是錯謬的，但洛特里哥神父仍然堅持所信。到了井上大人用的最後一著，在"穴吊"（被綁的信徒，倒吊進一個與身體等同寬度的狹窄洞穴中，底部通常堆積著排泄物，洞中充滿惡臭。因為倒吊，逆流的血液從五官中逐漸滲出，不僅延長被吊者的性命，更加深了刑罰帶來的痛苦，產生意識混亂的生死狀態）中信徒呻吟的聲音，終極抓住了洛特里哥神父的心靈，因為愛，他不願無辜的村民再因他而受折磨，在踏繪之後也許只是一刻動作（天主教的傳統 / 神學理念其中一樣，是在教內才有救恩。所以棄教除了是背叛，也代表了連最重要的救恩也放棄，這對於神父來說是沉痛的決擇），卻使他餘生內心交織掙扎不絕，生命面對如他師父一樣的棄教之罪，內心與基督之間的痛悔、迎來跌倒保羅稱號的恥笑、在禁錮下被冠以日本人

殘忍的穴吊刑罰…若換上我們會是怎樣？

的身份…本是心志激昂的被差遣之神聖牧者，接受最優越的教育，卻成了寂寥陌路被遺棄的弱者，彷彿看似沉默無聲的夾縫中…心底深處卻聽見了耶穌基督最真實的呼喚，餘生中仍持著單純信仰情操所編織出的粗糙十字架（沉默電影內容），這正是表白著他的人生本身，就在不斷訴說著那個人（神）。

註："沉默"一書中，遠藤周作刻意不用"神"或"祂"，只用"那個人"來形容神。

| 沉默的靈修 |
Quiet Time

> 經驗無奈的孕育 <

傳道者生命走在朝聖路徑上，因著傳道者生命閱歷的限制和對神回應的期待，多多少少就如洛特里哥神父的心路歷程。有時禱告如在荒野中空洞的呼喊著；竭力毫無果效、好人遇上壞事、社會好像失去公義、苦難彷彿沒有轉機…的確很難明瞭“那個人”的心意。尋尋覓覓中總是渴求得到實在的回應，也許因為等候不了，不自覺就以宗教語言代替了祂親自發言的機會。洛特里哥神父來自大公教會的孕育成長，當年天主教的強勢傳教和排他性強的教義，由這小說中的“壞人”就如井上大人，多次表達出宗教向導的不同，使神父所堅持的信仰在日本水土不服，這種水土不服是否正暗喻我們，其實正在私用宗教教義來填補對神的心意不明瞭（神的沉默）之夾縫。我們可否學習和適應在神的節奏中“沉默”，等待祂親自言說自己的旨意，而不急於滿足自己的期待和以減輕自身的困惑？

我們都在趕求極速的時代下被訓練著，都要求甚麼都可以立即變“好”，即時恢復轉好就是神的信實了，神像聽命我們內心空洞的渴

五島之福江島大瀨崎燈塔

望，神又像要等候我們的宗教行為去被指揮填補。我們彷彿已經沒法子接受，信仰可以是有找不著答案的領域…在等不了的時候，就必定要找著機遇和方法，甚至就是人造神的開始，到這時候，其實神的旨意或許只是自己的想像和差役？在聖經中舊約出埃及記，被救贖出了紅海的選民以色列人，在聖山之下不是因為沒法接受或不懂上帝的節奏時間，而急進造出金牛犢來敬拜，安舒人心嗎？

與神經歷的內容不能缺欠我們都不會喜歡的無奈、失落、不明白等等的掙扎和困難階段。本土詩歌“祢許可”這歌詞形容得貼切：“挫折有祢許可，要讓祝福漫過，至死痛楚，要將生命加多。祢破碎我一切，卻換上更多恩惠，榮耀路徑必有淚涕”，這才是真實又寶貴的曠野磨練，我們不會完全明白偉大的上帝，但我們可以在和祂深度個人的溝通中，看見自身的限制和祂的恩惠。

攝自 26 殉道聖人記念館的展品

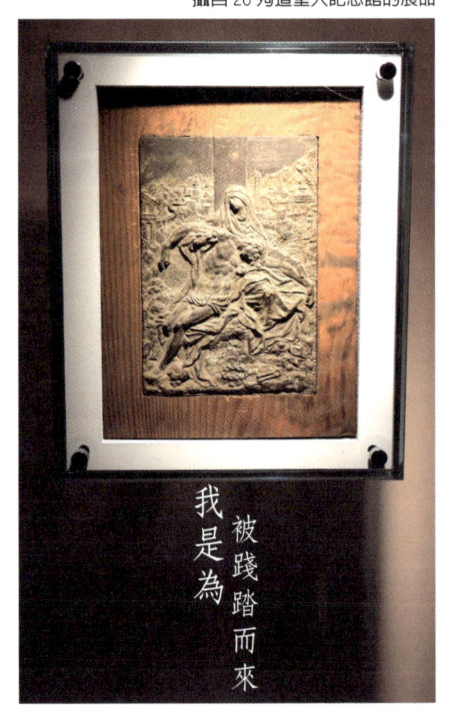

> 遇見真實之路徑 <

洛特里哥神父，在小說中多次的深沉經歷，雖然看來好像對基督產生困惑和疑問，“主啊！我恨你一直都保持沉默。（小說中的對白）”，甚至在呼喊中質疑憤慨祂的沉默不語，沒有彰顯公義和拯救。但在整個故事脈絡中，神父並沒有與祂停止對話，對話雖沒有聲音，心卻是滿滿交流。洛特里哥神父額頭碰著額頭的和勇敢

的茂吉（村中的敬虔領袖）互相守望的真摯、他在極度的心靈掙扎中，看著面目模糊踏繪圖像裡的耶穌與主互相對望、或是面對反映自己軟弱的吉次郎告解的互相凝視，基督耶穌看似沒有回應，卻在洛特里哥神父心中同在面對，這份連繫是真實的漣漪，是基督的心語回響。洛特里哥神父的內心交織彷彿是傳道者的心聲，他由崇高理想的“宗教”出發，走過欣喜、經歷無助、體驗痛苦、觸摸掙扎、表達憤怒、接受寬恕，安然放下才看見“信仰”真締。這正正是傳道者的真實朝聖之路，這點點似乎是必須經過的，唯有真正明白經歷軟弱的生命，才會使基督的完全顯大。

信仰是一條必須自己第一身走過的路徑，沒有大一統的速成方法。當個人、牧者、教會想速成和掌控，所謂製造一式一樣像倒模的勇士時，或許已經開始失真。洛特里哥神父的內心交織是每一位信徒需要走過的歷程，穩紮的信仰也是由這樣堅實的地基而建，神給每個人的路都會有別，但相同的是要在個人尋覓中去發現祂的真實。

> 不尋常的軟弱 <

相信小說中吉次郎是最令人討厭的角色，討厭在於他正是我們作信徒的寫實代表。在期待自己勇敢處於光明中，卻也潛藏了黑暗的貪婪，兩者並存而生。我想到聖經中彼得和猶大，兩人都是耶穌的追隨者，跟隨耶穌一起生活的時間不少，也聽過最多的真理，但卻在不同處境下都離棄和出賣踐踏耶穌。兩人最大的分別在於彼得給自己悔改的機會，他雖然有錯但仍面向著耶穌，耶穌也三次重新確立他；而猶大也許有悔悟，卻背向了祂，沒有選擇再次來到耶穌面前。基督信仰的最深處，盼望是給我們這些軟弱的人，在無條件的愛裡，只要你願意來到祂面前“告解”，便能再次復和與重生的機會。軟弱正是我們生命的狀態，千百年來教會傳統都傾重屬靈偉人，是學習成功的楷模；但對於沉默軟弱的眾多小人物，他們的信仰生命可能是更真實的有血有肉。沉默這小說就好像在述說，人性的軟弱才是常態，棄教與殉道好像一體兩面。上帝不獨看重殉道者，亦同樣跟軟弱的人在一起，祂在聽他們的生命告解；祂傾聽了吉次郎多次反覆的軟弱告白、祂擁抱了洛特里哥神父錯敗的失落痛苦、祂接待了茂吉單純勇敢的捨己殉道。故事中沒有偉人和英雄，有的只是軟弱無奈的人和在真實在生活中活著的人，還有各人的人生本身就在訴說著那個人（神在小說中的稱呼），神透過這些信徒正在表達及回應著那時代的荒謬和痛苦。“主說：我並非沉默著，而是一起受苦。（小說中的對白）”

留心沉默故事中的人性刻劃及深入探究信仰中苦痛的義意，因為人性的參與，使信仰也顯出不同層次的內容，在眾多平凡的小人物，就是展現著生命的豐富和各種不同的選擇性。縱然我們人性上充滿罪惡，上帝仍熱愛與我們一同經歷，相信祂眼中的軟弱是生命素材之一，能釋放陶造軟弱的生命，回歸美善！

旅程彩蛋

因為“沉默”的小說和電影，使我發現及了解這段可歌可泣的信仰歷史，尋覓之旅也是因他展開。後來刻意多次來訪在長崎外海山坡上的遠藤周作文學紀念館，我被這裡的靈氣所吸引，現在成了每次到長崎都會來的朝聖之地。紀念館的內容及展品豐富，2023 年更是遠藤周作誕生 100 週年，執筆之時正有特別的展品展出，而紀念館另一處是思索空間，可以面對湛藍大海安靜地思想人生意義又異常恬靜，坐在那裡閉上眼，就好像能呼吸著與神結連的氣息。讀者看畢沉默小說或電影（兩者呈現在核心取向上有所分別，建議先閱讀小說後再看電影），一定要來再坐一會！

正如上文提到，來到這美麗的靈性海灣，人會自然慢下來細嘗生命。若果讀者不是自駕來此處，坐公共巴士就要捉緊時間，因為班次比較疏落（牧野黑崎線；遠藤周作文學紀念館是中途站，每日有 9 班車經過）。另外在紀念館上方有一所本土商店（道之駅　夕陽之丘），你可以享用便宜而地道的午餐及有超市售賣當地農產及食品，時間充裕的話，還可以在這裡觀賞日落，不過記得留意回程時間和交通安排。

尋覓再思

遠藤周作在思考信仰的層次，著實令作為一位傳道人的自己有所啓迪。不知何時開始，我們的信仰變得只忙著參與一連串的教會聚會活動，見面這人探訪那人，讓事奉或活動填滿了生活時間表，填得越滿感覺越豐盛似的，又因人際機遇的感覺良好，滿足開心又一天就是了！筆者跟隨主 40 年，若果信仰只留於這種層次，坦白說在經歷衆多人生挑戰中，信心應存活不到今天，或只會成為沒有甚麼成長的教會參與者！所以我們在信仰生命中必定需要有被經煉的日子和沉思的過程，方會產生個人紮實的信仰内涵，才更有力量地跟同樣如我們一樣曾經是失喪靈魂的世人分享。

如教堂設計的大堂

内涵這東西很抽象，但遠藤周作彷彿作了其中的樣式，在信仰掙扎及尋索連繫他的寫作，透過合切的公共文化藝術性，給予甚至是未信者都會有同感，吸引他去開一度門，來主動尋找及了解上帝是甚麼（沉默小說和電影的公共影響力）。在這維度上，我們的信仰群體能否多向外走一步，讓弟兄姊妹體驗信仰能在世界中可以更闊更深，而不只是還留

遠藤周作文學紀念館思索空間外望

於畫公仔畫出腸的程度和這個故事教訓我們的公式教導？遠騰周作沒有所謂教會團隊和差會支持，他只在原稿紙上單打獨鬥地獻呈所信所想，他享受及熱情於這樣求真的信仰旅程，以不同的角度尋覓和查問神究竟是甚麼？透過多樣的創作，向我們展示了信仰生命的可塑性！

天父：叫我們不獨停留在平面單調的教會事工框架思維來展示所信，給我們在紮實穩建的基礎上祢的創造恩賜，讓每位跟隨祢的人能發揮他／她有溫度的生命特質；不是製造更多複製事工，而是創造獨特的生機事奉，在生活每個層面上，度身訂造地啓迪生命來尋覓那個人，那個人就是祢，祢並不沉默而且聆聽著我們真誠的祈禱及放在祢的心上！禱告奉主名求，阿們

紀念館外貌

用生命奉獻的多羅神父
（出津教會部落群）

讀者無論是自駕或坐公車前往長崎外海地區，都會經過一個又一個美麗的海灣，遠藤周作稱這地區為“心靈的故鄉”。而沉默之碑（在長崎外海歷史民俗資料館對面馬路）也立於此處，碑上刻著“**人間是如此悲哀，主啊！海卻是如此的湛藍**”（是遠藤周作的題詞），其實這樣轟烈的殉教歷史又怎能保持沉默呢！因著這小說的發表，讓不為人知的史實，深刻落印在讀者心裡，因此也更多信徒知道這極具信仰影響力的過去。

出津教會部落群生機處處

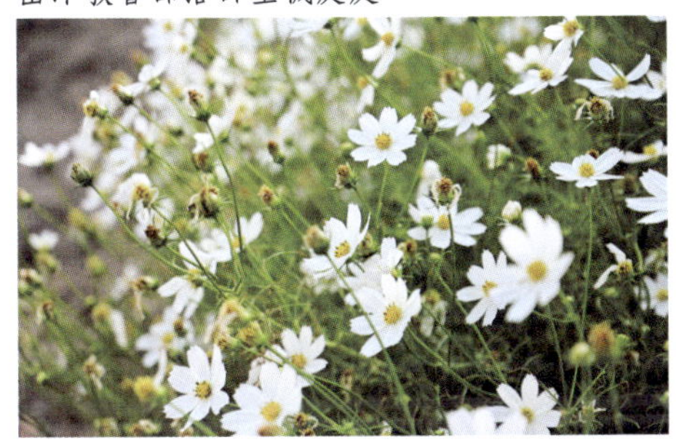

出津教堂就是位於遠藤周作文學紀念館附近的山谷，這一帶都有著特別的味道，好像神安排不同恩賜又重視祂的人，在不同的世代在這裡走遊和事奉。由於這裡正處於山谷，所以你會發現無論是有點歷史的出津教堂，或是較近代的遠藤周作文學紀念館的建築，都是採用比較低矮的設計，原因是山谷風勢強大，這樣的設計比較穩固，也成為特色之處。白色及木造為主的出津教堂，若碰上藍天白雲的日子會顯得非常清新可人，讀者們記得走上教堂對開的山坡，由上而下欣賞和拍照留念將會是一件樂事！

記得有次到訪出津教會附近的的集落景點，遇上一位修女，她說她師父的師父…有見過這位用生命在這區建起愛心服事的**多羅神父** *(Marc Marie de ROTZ)*。這裡當時仍是荒山的窮困村落，在黑暗禁教期間，因著地理位置荒涼，所以有近幾千潛伏信徒在這裡生活。後來到了1879 年信仰解禁後，多羅神父在 28 歲就被差來日本，之後再沒有回

攝自多羅神父紀念館內的展品

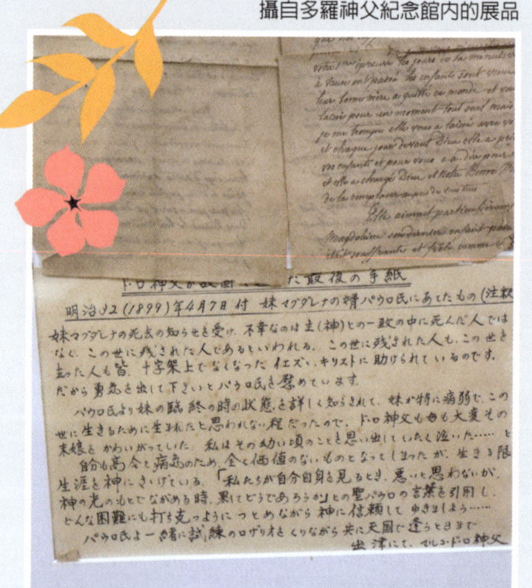

[illegible]た最後の手紙

明治32(1899)年4月7日付 妹マグダレナの婿パウロ氏にあてたもの(注釈

妹マグダレナの死去の知らせを受け、不幸なのは主(神)との一致の中に死んだ人ではなく、この世に残された人であるといわれる。この世に残された人も、この世を去った人も皆、十字架上でなくなったイエズス・キリストに助けられているのです。だから勇気を出して下さいとパウロ氏を慰めています。

パウロ氏より妹の臨終の時の状態を詳しく知らされて、妹が特に病弱で、この世に生きるために生まれたと思われない程だったので、ド・ロ神父も母も大変その末娘をかわいがっていた。私はその幼い頃のことを思い出していたく泣いた……と

自分も高令と病気のため、全く価値のないものとなってしまったが、生きる限り生涯を神にささげている。「私たちが自分自身を見るとき、悪いと思わないが、神の光のもとでながめる時、果たしてどうであろうか」との聖パウロの言葉を引用し、どんな困難にも打ち克つようにつとめながら神に信頼してゆきましょう……

パウロ氏よ一緒に試練のロザリオをくりながら共に天国で逢うときまで

出津にて、マルコ・ド・ロ神父

多羅神父的信：他寫給家鄉的最後一封信（4/1899 年），在獲悉妹妹瑪格達雷娜去世的消息後，寫信給妹夫

到出生地法國，長崎外海地區就成為他的家鄉，在這裡接觸及重新牧養失落無牧的信徒，及後建造了出津教堂及其部落群，以愛心服侍當地的孤兒寡婦。

要了解多羅神父的事跡，可以到多羅神父紀念館，展館藏有當年的建屋器具、醫療用品、富本土色彩的聖經圖畫、司祭服飾及各式工具。能點滴看見當時這信仰部落群的生活面貌，也肯定了多羅神父在民生中的幫助，怎樣使貧困的村民可以學習和改善生活，他的生命服侍得到村民的愛戴，今天還流著這樣的氣氛。在紀念館旁也有一座特別建築，是展示當年的製作意大利素麵及麵包的工場，神父和修女將外國製麵技術帶來這裡，教導貧困村民及婦女學習製作素麵及售賣其產品，今天仍有賣著多羅神父的意大利素麵，在其他地方並沒有售賣，那當然要買回來作特色手信，我們也品嚐過其獨特的美味！當地至今

昔日製麵工場展覽

多羅神父意大利素麵

仍每年有一天叫多羅神父日。那天住在這裡的居民會一起製作多羅神父意大利素麵呢！

古老建築群中也有從前的救助服侍的孤兒院、學習聖經道理的院舍等等。其中一所二樓樓房有著像小型教堂的地方，前面一座風琴有過百年歷史，是由法國運來並且構造奇妙，而且竟然可以升調降調，某次參觀時，筆者太太有幸在修女的指導下彈奏過一曲“奇異恩典”，安靜聽著樂曲和修女的解說，彷彿回到百多年前上課的時光，遇見被神愛包圍下喜悅的村民和仁慈牧人的多羅神父，真是感動一刻！

多羅神父

舊出津救助院

旅程彩蛋

由於外海地區幾個景點在地理上很集中，是不錯的一天旅程選擇。若果讀者是自駕方式，其實還可以順道去一些相對偏遠的地方，例如：向地圖上行的**大野集落教會**，向地圖下行的**黑崎教會**，這兩所教會都跟多羅神父有關係，筆者有次試過由佐世堡沿海岸 202 公路驅車下行到外海地區，沿路風景優美遊人亦不多，享受悠然駕駛之樂，感受滿足。

服侍除了愛心也伴隨技術與工具

大野集落教會

尋覓再思

多羅神父跟**遠藤周作**是兩種不同的類型的服侍，不只不存在排他性更是滿滿的讓生命見証更精彩，在不同的時代大家也互相補足和尊重。當看畢整個外海地區的信仰部落群，心中浮現的聖經經文；還有，我們曉得萬有都互相效力，叫愛神的人得益處，就是按祂旨意被召的人。（羅馬書 8 章 28 節） 多羅神父團隊在傳統教會服侍的框架中創造事奉生機，而作家遠藤周作獨立的在文藝創作中尋回根源，兩人恰巧同樣選擇長崎外海區為根據地融和相處，傳統沒有被漠視，創作也沒有被看不起，使這地區滿有一種豐富的屬靈感覺，作神工真的沒有需要成為唯一的“專門店”，最重要是讓不同的人都可以遇見上帝，而這種相融性所造就的豐富，是否更讓我們明瞭上帝本質的闊度和深度，融和人的恩賜和毅力，不需要非此即彼的唯獨，使愛神的人不至失掉本有的獨特之處？

天父：多羅神父的部落群有一種仁愛寬厚的份量超越了時空，感受一份因祢結連而能夠分出去的能力，與祢相遇的被重視，心中安穩平靜，不需為自己爭取及堅持甚麼，遇上祢便足夠有餘。這種仁愛盛載力的份量，願我們每位跟隨祢的人，都能經歷得到祢的臨在，我心滿足，因為偉大的上帝記得我們！感謝主！禱告奉主名求，阿們

傳道者遇上多羅神父的全然事奉所感動

日本小學生怎樣理解原爆史實？

｜ 人性的罪行 ｜ （原爆歷史資料館）

昭和 20 年（1945 年）8 月 9 日上午 11 時 02 分，塗上黃色衣裳的“胖子”原子彈在長崎浦上區埔上天主堂上空炸開，累計造成約 15 萬人的死亡，而浦上區就有 8000 位信徒瞬間失蹤！佔該區信徒三分之二之多。

原爆歷史資料館有展示著這胖子的原大模型，看著這鮮黃色的原子彈，看它平平實實有點趣怪的外表，令人沒有半點驚訝；但當連上爆炸後的相片、錄像、遺物、真人故事…就連午飯也吃不下了。香港也經歷過三年零八個月被日軍佔領的日子，經歷過的長輩現在大都年老離去了，筆者是 60 後也沒有經歷過戰爭的可怕，只是從上一代口中聽說其中困難處境的故事。不過單聽這些戰事中艱難的求生故事也使人感慨，何況是看著詳細解說的資料館！每個城市的博物館所展示的內容面貌及定位都有特意的取向，原爆歷史資料館也一樣，比較著重原爆的災害和其帶來的影響。內容有爆炸後悲慘的情形，決定投下原子彈的經過，到現在為止的重建情況，核武器開發的檔案、對無核化社會及和平的訴求等等。資料甚為豐富，但對戰爭責任及因由著墨不多，也是能猜得到的。

1 長崎市
Nagasaki
1945 年 8 月 9 日上午 11 時 02 分
原爆歷史資料館
三篇
生命曲調的演奏
攝自原爆歷史資料館內的展品

要了解長崎這城市的歷史，這資料館不能不來，這是有心思的展館。我們會看見戰爭對城市和人的深切影響。長崎是日本早年開埠的主要貿易港之一，經歷過信仰的黑暗時期，又正面面對原子彈的洗禮，一個遭遇經煉的城市，當然國家的扭曲政策，最終使市民受害。在平常日子的早上，大家都正常生活，就在一刻間幻變為地獄一樣！痛苦與面對痛苦是身處困境的生活，是原子彈的罪行還是日本侵略戰爭的報應，都如爆炸後已經融化在一起了，生命因為人的貪婪，的確付出了沉重代價；

"8月10日的太陽，一如往昔從金比羅山頂冒出頭來。然而，迎接這燦爛陽光的已不再是美麗的埔上，而是灰茫茫的埔上。她，不再是一座活的城市，而是一片死寂的丘陵。工廠已被催毀，煙囪被斷折，商店街成了瓦礫堆、住宅只剩一排排的石牆、田地已光禿禿、樹林全燒毀、森林裡的大樹並排的火柴棒躺臥在地，滿目瘡痍，甚至連隻活狗也沒有。夜半裡，忽然起大火的埔上天主堂，發出火燒經連寺般的熊熊火焰，為這一切劃下最終的句點。"

（節錄自長崎和平鐘聲一書）

展館中令人屏息靜氣的是衆多原爆後的扭曲遺物展示，就像罪的扭曲在舞動，人性的可怕，想起歷史中被迫逼的信徒，想起耶穌被人的罪惡釘死在十字架上…

原爆中心的罪曲

旅程彩蛋

我們建議早上來到參觀原爆歷史資料館，午前在和平公園安靜走一走和午膳，下午到永井隆博士的如己堂（在原爆博物館也有點點提到這位長崎的傳奇人物），這兩個地方距離不算太遠，可以作為兩種截然不同的景點氛圍中漫步思考之路。有時偶然發現地上的水渠蓋都滿有藝術特色設計，有時又碰上風味可口的本土美食小店，城市遊歷所見所聞有趣又深刻！

水渠蓋（*Jennifer* 攝）

尋覓再思

香港突破機構的創辦人之一蘇恩佩的名言“與其咒詛黑暗，不如燃燒自己”，正是永井隆博士當時身處黑暗之處境，燃燒自己成為一點光輝的生命足印。的確生命可以有不同的曲調來演奏，可以成為黑暗份子的哀樂，也可以以善勝惡的歌頌，黑暗對自身來說其實是甚麼？是對處境的過度懼怕，還是難於面對內心的真相？我們會怎樣以生命來彈奏自己的樂章？

天父：我們大都沒有經歷過戰爭的可怕，在今天忙著為家庭為自己選擇去或留，尋找那裡有自由及合適環境來讓一家過安舒生活之時，其實我們本身已經是幸福的一群。求天父叫我們不要落入理所當然的心態，不斷尋覓自身安全和福氣感。天父請給我們跟隨你的人有當回應的使命，就如永井隆博士，無論在那裡都能看見別人的需要和價值。在平順的日子懂得感恩，在困難的時勢有所忍耐，信仰的真實是由持守聖潔和敬畏祢的人演奏出來，樂曲就是感恩滿載的心！

禱告奉主名求，阿們

原爆中心公園

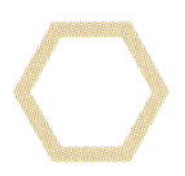

攝自永井隆博士紀念館

生命的光輝

（永井隆博士的如己堂）

在當時日本一片復仇火焰燃燒的處境中，**永井隆博士**差不多是首位公開認為日本是做錯的公眾人物，而且在這公祭弔辭中述說這戰爭災難是要獻上的贖罪祭，他在群眾壓力和展示真理之間有了選擇：

他在原子彈公祭弔辭中的發言（節錄自長崎和平鐘聲一書）

…在無信仰自由時的日本，浦上教堂雖然沾染著在迫害下長達四百年殉教者的血，它還一直堅守著信仰，在戰爭中更夜以繼日不停地為永久和平祈禱，唯有這樣的地方，才足以成為獻給上主祭壇的唯一聖潔羔羊。因著羔羊的犧牲，原本令後應該會遭受戰禍波及的幾千萬人民，才得以被救贖。

…那一天（原爆日）那一刻在這家中，為甚麼沒一起死去呢？為甚麼只有我們非要過這種悲慘的生活不可呢？因為我們原是罪人的緣故，事到如今，更能深切地認知到自己的罪孽深重。因為我們尚未還清罪債，所以才殘留下來的。唯有罪污過多的人，才夠資格被供奉在上主的祭壇而被淘汰掉。

耶穌對他說 你要盡心
盡性 盡意 愛主你的神
這是誡命中的第一 且是
最大的 其次也相仿
就是要愛人如己

馬太福音 22 章 37-39 節

如己堂

1 長崎市
Nagasaki

永井隆紀念館及如己堂

只有兩疊榻榻米空間（大約 40 平方呎）的木建小屋

多麼美麗的近海城市日本長崎，在第二次大戰中經歷原子彈的洗禮，差不多整個城市被夷平了。這城市在困苦無助中，我們被一道信仰光輝所吸引…永井隆博士，他本身是研究放射線醫學的研究員，在 1945 年原爆前兩個月，因長時間研究和治療病人其間，他自己已經被診斷因放射線而引致白血病，只剩 3 年壽命，後來更因為在原爆後不斷拯救傷者，以自己身體作為實驗研究對象，加劇了自身的病情。他的妻子在原爆當刻失去生命，因著忙於拯救其他傷者，永井隆 3 天後才回到燒毀了的家園，發現她“燒”失了…他的憶述“原爆前一天因為值班而整晚留在教室。第二天就是 9 號，原子彈在我們的頭頂劈天而下。我受了傷，意識中妻子的影子浮現在我腦海出現。我們為搶救傷病而整日奔忙。約 5 個小時後，我因為出血過多而躺倒在荒野中，在那時，妻子仍未出現在我身邊，直覺告訴自己，她已經不在人世。我妻子那種女性，即使身負重傷，只要一息尚存，即使爬著，都會趕到我的身邊，確認我的安危。可是，現在她沒有來…”（出自永井隆所寫的“路扎里亞的鏈”一書）

永井隆博士紀念館

永井隆博士所經歷的巨變，也是當時這城衆多市民的痛苦寫照。在這黑暗苦難之中，每一天每一夜都過得不容易。原爆後幾個月的聖誕節前夕，永井隆帶著盼望的想法，在尋求這城再生之路的時候，他從浦上天主堂的廢墟地上找到一個完好無損的天使之鐘，就發動一些青年到已經倒下成為頹垣敗瓦的浦上天主堂，這教堂是當時這個城市的信仰標記，年青人們一起重新將這個倒下的教堂鐘吊起來，在這個悲情的城市再次撞響鐘聲。“噹！噹！噹！”這鐘聲鼓勵著所有仍然艱難生活著，不知有沒有明天的浦上區市民，宣告這個城市在上帝裡仍有和平的祝福！

原爆中心附近的浦上天主堂遺壁

後來永井隆博士因病情惡化已經不能自由活動，臥病在床的情況下不斷以“和平”願望為寫作題材，寫了共 13 本有關和平和盼望的書籍，及重寫在原爆中失去了的幅射研究資料。因當時出現了“原爆症”是從前沒有的症狀，這些書及幅射資料正好幫助了很多人的心靈和身體上的痛苦，而且更以“愛人如己”為希望信念支持幫助別人！他的其他著作中亦有很多生命的反醒，在當時一片復仇的高漲情緒中，他承認自己（日本人）是親手造成這戰爭的錯誤！永井隆博士生於憂患時代，也獻於憂患時代，他在 1951 年原爆後 6 年病逝回到天家，離開時他的白血球指數是 39 萬（正常人只是 7000）。

浦上天主堂
（前面雕像是在原爆中
被毀，之後搬來這裡安放）

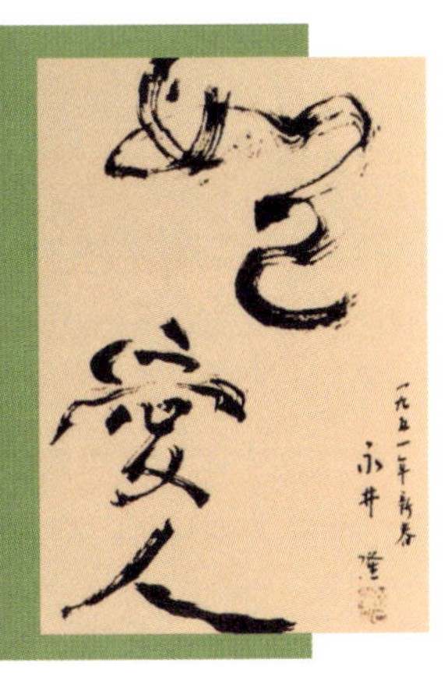

永井隆博士的題字

“如己堂”是一所只有兩疊榻榻米空間（大約 40 平方呎）的木建小屋，今天仍在永井隆博士紀念館旁邊。這小木屋就是他生命最後幾年臥病在床生活的地方；臥床寫書及記錄筆記、接見客人及和兒子女兒生活的居所。現在成了展示他日常生活的小展廳。如己堂的名字就是取自聖經中馬太福音 22 章 37-39 節（耶穌對他說：你要盡心、盡性、盡意，愛主你的神。 這是誡命中的第一，且是最大的。其次也相仿，就是要愛人如己），這正是他生命光輝的寫照！後來我們也發現，原來永井隆博士的太太永井綠，是吉藏的子孫，而吉藏是從前 250 年的禁教時期第 7 任的“帳方”（帳方是潛伏信徒組織的領袖）。屬靈種子在時光中一直承傳，對上帝的敬畏和忠誠不滅！

旅 程 彩 蛋

有次帶領教會訪宣隊來參觀如己堂的路上剛巧遇上日本颱風，我們一行 10 多人在強風中步行前往。參觀完畢離開的時候要找職員幫忙電召的士回酒店，非常狼狽連大家的雨傘也吹反了，但卻是難忘的經歷呢！紀念館的前身是永井隆博士用自己的財產建立的兒童圖書館，現在展示他的遺物和照片，座落在安靜的民居中，而二樓有圖書館可以參觀，有時會看見在此溫習的學生們。除此以外，讀者記得可以前往附近有名的埔上天主堂（經歷禁教逼迫及原爆洗禮的地區教會）及原爆中心點遺址參觀，當看畢資料展品再實際踏在遺址上，就會更加立體地呈現非凡的故事。

颱風中可愛的訪宣隊員

尋覓再思

“原諒吧⋯因為大家都不是完美的人。相愛吧⋯因為大家都是孤寂的人。不論爭吵也好、鬥爭也好、戰爭也好，最後殘留下來的總只有後悔而已！”（出自永井隆所寫的“和平塔”一書），原子彈悲情地震醒了日本政客的良心；從誓要贏得全世界，發動戰爭的野心中，瞬間醒悟了。永井隆博士活在這樣的時代，他以生命及悔悟來回應內在的掙扎和外在的無奈。但實況看見的都是同胞在原爆後極度痛苦之中，自己的太太也是戰爭的受害者。他在這樣的背景下竟然沒有只被復仇的心抓著，而是承認自己民族發動戰爭的罪過⋯這場戰爭只是半個多世紀前的事情，縱然一代過去一代又來，相信這些歷史過錯所帶來的傷痕今天仍在⋯生命的鬥爭可能仍在我們生活中不斷上演，只是不同形式和程度而已⋯不論家庭、職場、教會或社會，在只追求成敗得失的靈性價值下，我相信所謂勝利的背後，孤寂的心也伴隨後悔殘留。

永井隆博士和如己堂的鐘聲遠不及原子彈的震攝威力，不過這些有血肉的人物卻吸引著自己的心，尋覓中遇見不一樣的生命面貌，在這充滿經歷的城市繼續發出聖潔的光輝！

天父：感謝祢我們在黑暗中看見敬畏祢的僕人，生命影響生命並沒過時，當處身充滿咒罵憤怒和怨恨的時代，在我們祈求祢的公義得彰顯之時，也願祢給我們有更多的愛，去愛跟我們不同的人。因為祢整全的屬性，引導我們不只偏執和指責，在等待祢的日子，不需要跑得比祢更快。歷史軌跡裡經歷危難及被迫逼的信徒，他們就是全心忍耐，甚至在處境中犧牲自己成就他人，讓我們坦誠學習。我們愛祢！
禱告奉主名求，阿們

路上之人　永井隆

當處決結束後，信徒們走近殉道者，希望可以抓到
殉道者附有血跡的衣服，可以作為聖物保存

寺澤見狀，非常生氣。他召集了鎮上最重要的人物，宣布嚴令
禁止信徒靠近刑場，更豎立起路障，阻止信徒靠近

儘管如此，信徒們仍然不顧命令，假裝著去上班
沿著刑場附近的道路行走，以緬懷眾位殉道者，26 位殉道者的
屍體掛在十字架上足足 80 天。當他們屍體被送離開西坂時
小崎的母親才在小崎父親（也是 26 位殉道者之一，和小崎一起殉道）
血跡斑斑的衣裡袋，發現了小崎寫給母親的信

永井隆所寫有關 26 殉道聖人的著作內其中一篇
（內容意譯）

｜四篇｜ 非凡勇氣的奇蹟

取自網上圖片

德國奧格斯堡的報紙上登載的
天正遣歐使節

｜ 青春光茫四人組 ｜ （訪歐使節）

普遍在基督教教會中，一般來說我們都比較少機會了解到天主教的內容，而“天正（是日本年號）遣歐少年使節”相信更是聞所未聞，但原來他們對日本教會史是有一定的影響性。那個時代耶穌會的影響力甚大，而且傳教策劃正對準中國，**范禮安神父** *(Alexander Valignani 1538-1606)* 和利瑪竇等有名的傳教士也一樣對中國有負擔召命。范禮安神父當時活躍於澳門和日本推動傳教事工，他認同及推動當時在教會中是少數的“適應主義派”，即是信徒皆祭司及領袖需要本土普及化的精神，在日本時，他徹底執行平信徒的信仰教育與積極培育日籍司鐸。基於後者，他在日本各地成立了多所教導基礎神學的教育機構“小修院”與高

在島原口之津港的天正遣歐少年使節記念碑

等學府“大修院”，亦把握在島原半島藩主有馬晴信在禁教期間的護蔭下，大力發展培訓人材及領袖本土化。在此根基下，他安排派遣 4 位日本信徒作為使節前往羅馬拜訪教宗。訪歐之行主要目的在於聯繫日本地方教會與普世教會，建立橋樑，這 4 位年僅 12–14 歲的年青使節前後經歷 8 年的旅途和學習（1582–1590），那個時代遠行是充滿危險及可能要付上生命代價的不容易；這 4 位漸露光芒又願意接受挑戰的日本青少年分別是：

范禮安神父雕像

- 隊長“**伊東 · 滿所**”*Ito Mancio*（13 歲）
- 隊長“**千千石 · 彌格爾**”*Chigiva Miguel*（13 歲）
- 副隊長“**中浦 · 猶里安**”*Nacaura Julian*（14 歲）
- 副隊長“**原 · 馬爾定**”*Hara Martinao*（12 歲）

他們都是選自同樣由范禮安神父創立的有馬小修院學生。小修院的訓練嚴格，每天早上 4 時就要開始學習直到晚上 8 時，由聖經學習、語言訓練、文化藝術和靈性陪育兼備，4 位青少年可算是當時的精英信徒，代表著日本教區出使，必然被寄予厚望。

天草玫瑰經館

4位年青使節在歐洲多處獲得貴族皇室接見、禮遇及交流，甚得歐洲人歡迎（不少歐洲當時的文獻也有記載他們的到訪，這些文獻仍留存到現今）。他們雖然年輕卻展露出成熟的學養靈性，最後更與當時的教宗會面，當完成旅程回日本後，他們再進神學院經過兩年密集的修練，正式成為耶穌會會士（傳教士），4人都各自有了職務上的指派，而“天正遣歐少年使節”就此正式分道揚鑣。直到1601年，范禮安神父帶著伊東和中浦前往澳門，進入聖保祿神學院（即現在的大三巴）深造；而千千石則據傳是因為身體虛弱和態度不佳而落選未能前往澳門進修；至於原，就因他語言能力和口才了得，被留在日本作翻譯工作。當伊東和中浦學成歸國時，耶穌會的名冊上已不見千千石的蹤影。1608年伊東、原和中浦，正式授予司鐸聖職。這4位曾一起出生入死、經歷重重挑戰，踐行歐洲信仰外交之旅又委身於上帝的少年人，他們走到人生的下半場各有差異的際遇：

隊長：**伊東神父**行遍小倉、山口、日向（宮崎縣）和長崎等地。他不辭勞苦四處奔波事奉，最後終於因過勞而倒下，1612年病逝年僅43歲！

隊長：**千千石**有傳因態度不佳被耶穌會除掉身份後，投靠堂兄大村喜前。喜前原為信徒，後來改信佛教日蓮宗；千千石亦隨之放棄天主教，輔助堂兄迫害領土內的信徒…曾經受過歐洲權貴空前絕後的歡迎、又被教宗冊封為“基督信仰騎士”的千千石，最終頂著背叛者之名！

副隊長：**中浦神父**是真正陪伴了受苦的日本信徒，德川政權極度憎惡基督徒，對信仰迫害變本加厲，在禁教期間中浦低調地晝伏夜出，行遍九州各地，以實質的臨在鼓勵及安慰了島原半島的很多信徒及殉道者。後來，由於他身體過勞體力漸衰，有時甚至虛弱到無法行走，得靠信徒偷偷以竹籠搬運。1632 年底，中浦終究被捕，隔年被送至長崎西坂受“穴吊”之刑，結束了 65 歲的人生！

副隊長：**原神父**繼續斡旋於葡日雙方，以其語言能力和口才，致力於翻譯、宣講、印刷、調停溝通等工作。1614 年德川家康發布嚴格的禁教令，將所有異國傳教士驅逐出日本，以殘破的小船被遣送到澳門（當時也是在天主教同一教區）。1629 年以 61 歲之齡回天家，被葬於澳門聖保祿天主堂的下方！

旅程彩蛋

在尋覓之旅中我們分別在天草玫瑰經館及島原城可以遇見有關范禮安神父及天正遣歐少年使節的珍貴資料和遺物，這真是難得的遇見，給我和太太一些思考激發。尋覓之旅的可貴之處就是這樣，不在預計之內的追尋，這些人的故事有時比風景更迷人，讓人豐潤心思，亦可以繼續延伸發展，使旅程更有深度。上述這等展館和島原城當然也有其他值得參觀之處，如島原城本身也是歷史悠久之城堡，是日本百座名城之一，於江戶時代由日野江藩藩主松倉重政建成，於明治時代廢城後被拆毀，及後天守閣於 1964 年重建，樓層中有展示日本信仰歷史及民俗史料的資料館等。在某個休閒的下午，離開喧鬧人群的心思，坐在島原城的小賣閣來一杯咖啡，在絲絲輕煙中沉溺歷史的味道，真難得！

尋覓再思

年輕不是一種成就，只是必經的人生階段。四位使節年青的時候得到豐盛的栽培又在人群中被擁戴，在信仰成長路上經歷人生起跌，所作出的選擇與被選擇之間，呈現了他們各自的真實信念，並這信念對其自身的生命影響力有多少。有人說起點怎樣不是最重要，終點才能定

夕陽下長崎港口的仿古船隻

論人生的臺階，彷彿在他們身上正是引証這句話！生命際遇變化萬千，這刻遇上的踏腳石，明天也可能變成絆腳石。有時只有當我們能夠屏除所有旁人的在意及目光，誠實面對四下無人的自己和在你心裡的上帝，我們才有可能在寂靜沉澱的心靈深處，領悟甚麼才是生命中最重要的信念。我們又持守著甚麼信念走到今天？

天父：祢不只是我個人當刻的上帝，也是過去、現在、將來的上帝。或許我們有天也會成為歷史，正如這4位年青使節的一生，但看見他們的選擇，給我們警惕和提醒。生命原本是一份禮物，我們要好好珍惜祢給予的一切，讓這份禮物發出光芒，來榮耀生命的賜予者，就是我的主！我的神！天父啊，給我們正在驕傲於各種際遇的有警覺、生活疲乏的能重新得力，經歷挑戰的可因祢面對風浪！感恩遇見中浦神父這樣的生命，正是謙卑中見力量，以感恩的愛與當時苦難中的信徒同行，就如祢活在其中，這給我們深深鼓勵！禱告奉主名求，阿們

風浪不是我們的上帝　但能發現祂在風浪中同行

乘船往黑島途中的燈塔

奇幻預言的少年 ｜ （天草四郎）

來到島原地區，總會在火車站、酒店，甚至博物館等地方，看見不少以**天草四郎**這歷史英雄人物漫畫化的動漫，無孔不入地出現在展版、海報、手信包裝等等。其實自小每逢提起“天草四郎”，大都會立時聯想到電子遊戲中的“大佬”；總是武功高強，打不死的神化角色！歷史人物動漫化是日本獨有的文化傳統，他們也自豪這種文化，甚至世界各地也受到一定的影響。歷史中的天草四郎不是虛構人物真有其人，當然也非不死之身，但形容他卻不離帥氣的面孔、大義懍然的氣概、或連雀鳥都會在他手上停留及竟然可以在海浪上行走，是時勢中完美的英雄！在我們更多了解這位在島原之亂中奇幻的民族英雄，同時又在傳說和事實中的故事之間走遊，是真是假也難於判斷。在日本民間歌搖也有相關歌頌，以下節錄其中一首，在歌詞裡可以發現天草四郎深入人心的形象：

取自網上圖片

天草四郎時貞 島原之保姆 （歌詞意譯）

從我出生的那一刻起 就是上帝的孩子
命中註定背負人類的命運
也未嘗過父母和孩子的愛
15 年的祈禱
天草四郎時貞
仍有殘月的村落 靈魂沉睡的地方

我是 屬於島原
我是 屬於島原
在此成長為一名基督徒

與嚴酷世界中渡過
我胸前有一個銀色的十字架
成為了很多農民的盾牌
教誨著人的道路
天草四郎時貞
可以看到勇者身影在殘月的村落

（獨白）餓著肚子哭泣的孩子
我連一粒米都沒法給他吃
父母感到悲傷 無論怎樣幹活
連年貢也交不出的人們
貧窮使心靈連繫了
只能向上帝祈禱
甚麼 甚麼 要起義了

一次也沒有叫過母親
只有相信上帝等待黎明
即使最後軍隊被撕破
都要守護上帝的道
天草四郎時貞
靈魂正映照殘月的海上

除此之外也可透過在“島原之亂”起義前秘密流傳於當時信徒中的“神聖”詩作，詩句是由起義前 25 年被放逐的神父留下的預言所創作，日後由起義軍集結成文，以證明及支持天草四郎就算只是年輕及缺乏軍事經驗，但仍是起義軍的領袖！由文中看見神化的形像和權威性的不用置疑！

“此後，五度五年，上帝（以男孩之身）降臨此世，其齡十六。此少年自誕生即天賦異稟，輕易展現神蹟。接著，天堂將讓東方與西方之雲燃燒，大地之花提早盛放。四處轟隆作響，鄉民將目睹樹林與草植起火。眾人必須於頸項穿戴鑲鑽九珠寶的十字架，瞬間，白色旗幟將飄揚於田野與山巒。真正的信仰將吞沒其他所有信念，而吾等天主將拯救世間…”

當時 16 歲的天草四郎父親益田甚兵衛，曾經是基督徒大名小西行長的家臣，自己亦接受了洗禮，後來因這些藩主失勢；他像不少武士一樣成為浪人或農民，一邊務農，一邊成了村落中的領袖，四郎也自然得勢，加上他的言說設合在水深火熱壓迫中的農民，宣揚人人平等，自由安居的新生活，燃點起農民的生存盼望！天草四郎在適逢其會中，

民間設立的天草四郎博物館

結合了時勢和預言，在浪人武士和農民就當時之處境和期待下，被推崇成了當刻的救世主，農民起義軍開始有共同目標，組織團結起來，初期軍中氣勢甚至達到堅不可破之勢！其後戰事的發展可以在本書之後有關原城跡的篇幅中有更多的介紹以便了解。

那天早上我倆在天草市切支丹博物館外面，寒風微雨之中透過相機的觀景器專注拍攝著天草四郎的雕像，他一隻手指向天際，另一隻手緊握著念珠連繫的十字架，神情寬容中信心仰望天際…思潮如浮雲在心轉動的我，真真假假的認知，是傳說是真實已經沒法分開，而且我不是來尋覓真偽，在旅程中遇見這奇幻的少年英雄，就讓他原汁原味的立足在歷史場景中，上帝知道和明白就可以了，不過我相信他對上帝的委身和付上的代價，以及在大時代處境的人事形勢幻變，已經足夠我們學習和思索有餘。

旅程彩蛋

大和博物館（廣島吳市海事歷史科學館）

在九州天草區有關天草四郎的相關資訊不少，甚至有民間建立的專門博物館（天草四郎博物館），有感動都可以看看，一點一滴下其實會發現更多趣味線索。但令我們感到更加欣賞的是日本人普遍都珍惜及自豪自身的歷史文化，不會隨便去除傳統又盲目追求更新。如在廣島縣西南部的“吳市”，有一所同樣是民間建成有關日本二次大戰有名戰艦大和號的展館，建築甚具規模甚至能比擬政府官方場館！另外也有不少景區，如這些世遺歷史景點，就有當地退休的市民自願作旅遊介紹義工，我們也碰上過，非常熱情地介紹著自己城市的歷史或風景。這等熱愛自己的社區和歷史感情，的確令外來遊客份外吸引；真的若連自己的家鄉和傳統都不喜歡也沒認同，又怎會吸引其他人來！身份認同這抽象的意識，其實是建構信心的基石之一！尋覓在外有時反省其內…我是屬誰？屬於那地方？我們珍惜及自豪於自身的傳統或身份嗎？

尋 覓 再 思

遇見天草四郎這信仰英雄，總會有點感到像天主教文化中，我們不習慣的將信徒神聖化或封聖傳統，那我們基督徒就沒有這樣的習慣和傾向嗎？又好像不是全對，或許只是程度及包裝不同而已，在教會群體長大又事奉多年的人，都會發現其實這種對名星或英雄化的“渴求”潛伏在我們心裡。這時代教會流行尋求名人、更甚是崇敬英雄來撐起頭家，君不見教會常常要請名人、名牧、專業顧問來分享就好像是人數的保證及成功的法門，亦喜歡倚旁出名的團隊做國度大事，總是盼有際遇的百樂出現，拯救我們或教會離開現在的膠著處境。這等教會或牧人百態，跟世俗靈性文化的選擇沒大差別。自己也曾這樣，還記得在多年的宣教事奉中，有時還未認真求問上帝，就因處境形勢下盼依賴有名團隊的幫助來發展事工，借此慕求有所突破改變等等，看似無可口非的爭取機遇之路，但聖靈真是這樣引領嗎？恐怕更像人的心意而已！神沒有為我所期待的外力開門，卻有信心宣教小群自然找上，奇妙處是我們一拍即合互相兼容，而且直到我們要離開工場為止，他們口中沒掛上陳腔冷調的話，也沒有吹捧為神國作甚麼，但支持卻是實在又感恩…回想原來神所準備的才是最大的團隊！有時撫心自問…我們實質在依靠甚麼？神的名有影響力嗎？

靠山有天山會倒下，靠人某日人會老去。人在艱難困境中，如同在大海中想要救命一樣，看到什麼像樣的都會想抓著當作救生圈。老實說：靠神說易行難，因為我們常感到上帝沉默又表達不夠具體，沒有耐心等候上帝，而世間像救生圈的多的是，又異常吸引亮麗。歷史中不少好像天草四郎的迎合機遇，又像天造地設的案例，又有不少有需求的人，彷彿就是神的時機和作為到了…但當在尋覓這歷史中，故事陳列著的雜質不少亦非純全，結局不似預期是可以想像得到。我們可能會問，天草四郎是神差來的英雄人物嗎？司祭（神父）對天草四郎的預言可信性又如何？會否只是情急之話而已？其實是英雄“做”時勢，還是時勢“造”英雄…這會給我們今天在教會群體中有甚麼思考和檢視？

天父：我們都期待你會以強勢地出現在我們的困難處境，這種渴望潛伏在我們的深處，當祢沒按我們的時間回應時，甚至會質疑祢的存在。天父，願祢的仁慈包裹我們的軟弱，在我們心急如焚正在與祢的時間爭戰，請不要向我們沉默，叫我們不用在找不著祢時，就因著各種需要而逞強，走了不合祢心意自圓其說的路。讓我們學懂辨別和細心留意祢的指示，也能誠實接受是可以有“還未”或“沒有”的氣量，開啓我們的五官觸覺，突破我們的框框難阻，以祢的心為心安然尋求祢，倚靠祢才是最大的生命成就！禱告奉主名求，阿們

野崎島教會 *1908* 年
北松浦郡小值賀町 / 野崎島

大野教會堂 *1893* 年
長崎市 / 外海地區

崎津教會 *1934* 年（重建）
天草市 / 河浦町

黑島天主堂 *1902* 年
佐世堡市 / 黑島

中之浦教會 *1925* 年
新上五島町

頭之島教會 *1919* 年
南松浦郡新上五島町 / 頭之島

長崎和天草地區　世界文化遺產教堂建築群（部份）

浦上天主堂 *1959*（重建）
長崎市 / 浦上區

大江天主堂 *1932* 年
天草町 / 大江區

大浦天主堂 *1863* 年
長崎市 / 大浦地區

黑崎教會 *1920* 年
長崎市 / 外海地區

堂崎天主堂 *1908* 年
五島市 / 奧浦町

出津教會 *1909* 年
長崎市 / 外海地區

・以上均是實地拍攝及考察

3 天草島原區

肅然起敬的寒風

> 原城跡

12 萬幕府軍與 3 萬 7 千信徒起義軍的宗教爭戰—島原之亂的發生地！原本計劃在 2020 年尾來天草區實地考察，結果誰也沒有想到發生了嚴重的疫情，而且影響全世界，這幾年疫情可能對一些人來說只是封閉不能活動，疫情後又如往常一樣，但對自身來說就有不同。經歷過疫情後才來到天草的原城跡感受不一樣，再開關初期來到日本，不少人問我們從那裡來，因為我們去的是比較少遊人的鄉下地方，感到當地的人大家有一種重聚的珍惜和親切，有時甚至萍水相逢也能互相祝福。

有心自然就有方法表達祝福

這趟原城跡的尋覓之旅差不多是全程自駕，上山下海地終於來到期待已久的原城跡，我們就住在遺址旁邊的唯一古老溫泉旅館（原城溫泉真砂），沒有甚麼外來遊客入住，不過不影響我們的期待。其實這裡曾是有高達 5 萬人壯烈戰死，其中有 3 萬多信徒農民及浪人武士在天草四郎的帶領下聖戰犧牲之地。的確來到就有這種嚴肅的氣氛，曾經試過

原城溫泉真砂旅館

蒲公英在這山崗述說故事

有天晚上黑夜駕車進入，雖然四周黑不見底但沒有懼怕，反倒有幾分神聖的寧靜。這裡現在有大範圍的世遺地帶，也有農民的私人田地，而處處是蒲公英也美麗的點綴了這山崗。來原城跡遊覽必需對這些歷史有一定了解，不然只是普通山地一片，因為很多遺址已在爭戰後被夷平，現在只餘下地基，但仍可以想像及聽到不少故事，當組織起來時就非常具體化。其實來此可以先參觀有馬遺產記念館，就在遺址附近是相當值得細味，之後才走進遺址山頭漫步，我們是在冬天來到原城跡，雖然寒風難耐但天氣晴朗，若讀者夏天來到或可碰上櫻花盛開之美！

世界遺產的介紹標示

有馬遺產記念館

有馬遺產
記念館

原城跡山頭

> 島原之亂

早年是信徒的藩主有馬晴信（1567—1612）將禁教中陷入困境的傳教士及信徒安頓在他領地內（天草島原）進行暗地保護，使這地區教會仍能有所發展，甚至有神學院的建立。禁教來到 1633 年，幕府對教會的壓迫一直持續，但由於天草區由大大小小很多的島嶼組成，所以神父和潛伏信徒組織仍可以有限地活動。不過在時勢及藩主的變遷換代，不少領地藩主為了討好掌權的德川幕府，對所屬領地大加重稅，包括：年貢、蓋房地稅、生產孩子人頭稅、死人也不放過的墳墓稅…等等。若果農民交不出來，就會被施加酷刑！當時很多貧民自身也處於飢荒，又怎可能交出稅金！加上一些慘案的發生：如在口之津有一位未能交稅金的孕婦，被綁在冰冷的河裡，引致一屍兩命的慘劇。因這些事件的觸發，已經到了臨介點的農民開始反抗，有些因禁教放棄了信仰的農民重拾信念、有些流浪的武士加入陣營，這些雜牌軍決意在神的旗幟下，盼望創立新的家園！神奇的是，早在 25 年前有神父在禁教期間被放逐時留下預言：25 年後將會出現神差來的領袖，他將會解救衆人！這時天資聰敏的四郎時貞（後來稱為天草四郎），在 16 歲時冒起，正迎合了這個渴慕救世主的時勢，被起義軍立為總將領。

起義軍初期節節勝利，甚至大敗德川幕府派來由板倉重昌帥領的軍隊。後來起義軍進攻至富岡城，但富岡城久攻不下，這時傳來情報說德川幕府援軍將到，所以天草四郎及起義軍由富岡城渡海來到原城（原城從

前是信主的藩主有馬晴信的根據地），他們把原是荒廢了的城堡在幾天內修好，而且其他起義軍也從四方八面聚集到來原城。天草四郎除了領軍也發表"四郎法度"如軍紀法律的守則，而且有定時的彌撒崇拜聚會。大約 3 萬人的起義軍，忠誠及勇敢地面對幕府大軍的到來，高達 12 萬多的幕府援軍到達原城卻不主動進攻，他們選擇圍城封鎖使起義軍糧食漸漸短缺。幾個月後有天晚上，幾十個非常飢餓的農民，偷偷地走出海邊收取海草作食物充饑時，就被幕府敵人偷襲。到 2 月 28 日幕府軍總攻擊的一天，原城終於陷落了！所有農民、武士浪人、孩子女人共 3 萬 7 千多人被殺，天草四郎和將領們戰鬥到最後。四郎最終被下等的徒步武士陣之佐左衛門斬斷頭顱結束生命，而起義軍唯一生存下來的，只有給幕府軍私通情報的南蠻畫師山田右衛門。傳聞他是繪製起義軍有名的精神戰地旗幟的畫家，也是其中傳奇人物之一，（他曾經放棄信仰，在島原之亂後有傳他重新回歸所信）。筆者在

神聖的天草四郎陣中旗

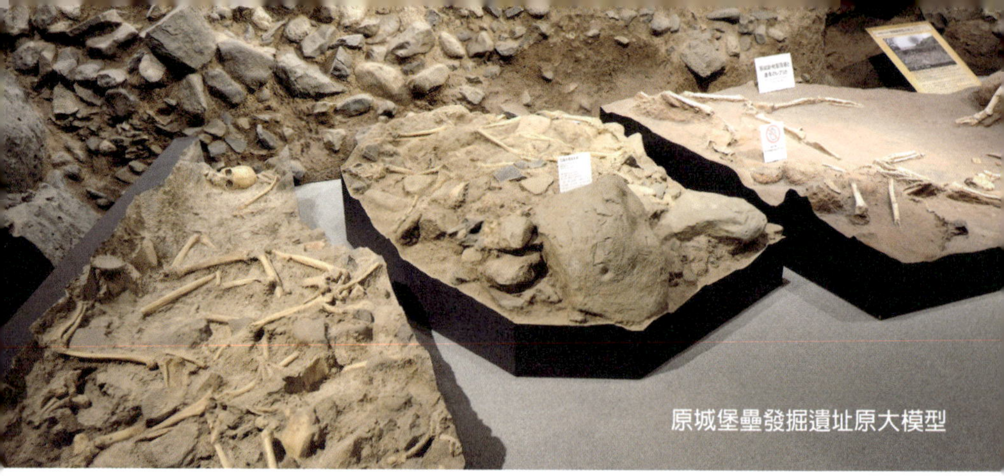

原城堡壘發掘遺址原大模型

紀念館時看著這張神聖的旗幟，除了旗幟上沾有血蹟外，心裡在奇怪為何可以在激烈戰爭中這旗幟可以保留得這樣完整？其中一種可能是唯一生還的畫師，他在戰爭中將旗幟收起保存！亦有記載是起義軍在起義初期捉拿了山田右衛門的家屬，威脅他就範協助起義，最終起義軍卻把他的家人殺掉！

當我們走進歷史時空中，就會發現很多時沒有所謂的完全正義或完全邪惡。有時為達到目的，所謂的正義也有惡的時候！重要是究竟我們怎樣辨別和如何持平事實？後來幕府軍因懼怕信主教徒會死後復活的教義，所以將所有屍首及骨頭都打斷分散埋葬（在有馬遺產記念館內可以看見一部份重現遺址，甚至連其中一些骨頭中的刀痕也清晰可見），而原城堡壘就徹徹底底全部被夷為平地，使其不能重建和恢復，及後一段很長時間這地區都無人居住。

島原之亂後深深驚動了德川幕府政權，翌年全面施行強硬鎖國政策，斷絕和外國交流，此鎖國及禁教政策持續了 200 多年之久！絕對可以說成日本國策及信仰改變的轉捩點。

當人漫步在原城遺址，心靈思考也特別多，連一草一石都像在述說這段可歌可泣的歷史片段。有人說：人在做天在看，不禁在想當時上帝在場會想甚麼？

默 想 一 刻

· 信徒的困境是否必然速成上帝的行動？

· 信徒的想望成就了，就好像等同上帝是信實的，那麼若結果不是預期的時候，我們會怎樣看待神？

· 起義軍強調的“在神面前人人平等”的崇高理想，神為何好像沒有立即回應？而且引發更嚴峻的鎖國禁教後果？

· 在我們認為重要的事上，甚至是國度異象使命，究竟盡快達到目的果效重要，還是保持純正地尋求主的心意顯明重要？怎樣平衡？神又會看重甚麼？

· 好人 / 信徒遇上慘事，惡人當道，神在那裡？甚麼是公義？人的公義還是神的公義？

這些問題，好像似曾相識…
相信沒人有絕對的答案，但鼓勵更深思考所信…

一刻，原城跡寒風雨點湧流中實太冷，我和太太逃回溫暖車中…

> 頭之島教會

（位於中通島上）

島原之亂後，來到1641年禁教政策的落實越有規模。在1644年，日本最後的一位傳教士也殉道而死，在嚴峻的情況下，潛伏信徒開始以共同體形式，從長崎外海地區移居到當時更荒涼的離島五島列島生活及持守信仰。江戶時代的五島列島時常遭受飢荒之苦，直到幕府五島藩以提高生產力為目標，採用了接納移民者的政策，於1797年與大村藩（長崎外海地區領地於五島列島對面）立了協

定；在此之後，從人口數目大增的大村藩，有許多農民渡海到五島列島的荒地發展。移居者多數是在禁教嚴峻政策之下的潛伏信徒，前往早期是療養所的頭之島中，開墾土地形成潛伏信徒集落。

頭之島教會

我的心哪　你要讚美耶和華
頭之島教會　是平凡的石頭顯不平凡的敬拜
4 五島列島區

這些潛伏信徒都假借成為寺廟的檀家及神社的氏子，來隱藏自己對基督的信仰，甚至在佛教信仰中演化基督信仰形態來求存。他們融和在佛教徒的村落與佛教徒一起過著互助的生活和維持生計。長崎地區有超過 50 座的現存教堂中，約 6 成位於五島列島的東北面，其中頭之島集落及教堂，他們也是在荒山海邊建立集落，艱苦地生活及逃避禁教之難，不過後來在這等海島地區，也沒法再幸免於難。

“五島崩毀”的發生；是幕府對五島中的久賀島施予重壓和捉拿信徒，強逼信徒在寒冷的海水中，或將燒紅的木炭綁在手掌內進行拷問，就算如此受著酷刑，信徒也不願放棄所信。後來官員眼見酷刑不能折服信徒，便想出將信徒們關在小小的牢房內，這小屋只有 12 塊榻榻米的大小（約 300 多平方呎），共有 200 位信徒迫住在內，當中包括老人及小孩。被關進牢房的人因為空間實在太窄了，連躺著都沒辦法，只能在原地生活睡覺及排放大小便，每人每日兩餐只有一份薯粉而已，漸漸內裡的人相繼死去。八個月之後，雖然大多數人幾乎都得到釋放，但有 42 人因此捱不過之後嚴苛的拷問，在途中因堅守信仰而殉教，後來這事被稱為

相信神沒有忘掉信徒的熱情

五島茶花

"牢房之窄事件"。在長崎市的大浦天主堂內的其中一個展廳房間，可以看到展示著這個事蹟。因著這麼艱難的期間，島上信徒都離開了，直到禁教結束，他們再歡欣地回到島上，重建他們的教堂，呈獻內心感謝之情！頭之島教會就是其中的一員。它是在 1919 年落成的少有石造建築教堂，用以取代舊有的簡陋木造平房，但因為偏遠的島上沒甚

每塊石頭的搬運都是信徒的敬拜

興建教會所使用的工具

頭之島教會外表堅硬，內裡溫柔的特色設計

附近滿有特色的酒店

麼材料可用，只有大量的岩石，所以當時的信徒都幫忙搬運石工切割的砂岩，由人手小心翼翼地逐一搬運及堆砌，大約花了十年的時間才建造完成。筆者看過一篇文獻，是這些建造教堂的信徒後代憶述：起教堂時雖然村民窮困，但卻全村喜悅地一起節衣縮食尤如節慶，每天只吃一餐，將錢獻給建造教堂。有村民的父親在起教堂時幫忙搬運岩石弄傷了腰骨，使下半生都背負傷患，但這位父親並沒有埋怨，仍時刻欣喜有份參與這聖工！其實就如這教堂建築本身的特色：沉厚穩重的岩石是信心堅定的外在，對比著內在溫柔的花紋圖案裝飾是情感的深厚。頭之島教會和其有關之集落，正是潛伏信徒的頌歌，終於走出黑暗得著釋放，重得信仰自由，那份沒法形容的歡欣喜悅，來讚美歌頌上帝吧！

主的慈愛比生命更好

主你的慈愛比生命更好　主你的慈愛比生命更好
我要用嘴唇來讚美你　因你的慈愛比生命更好
我要奉你名舉起雙手　我要奉你名舉起雙手
我要用嘴唇來讚美你　要奉你名來舉起我手

恰巧個人靈修中剛讀到哈該書 1 章 3-4 節：那時耶和華的話臨到先知哈該說：「這殿仍然荒涼，你們自己還住天花板的房屋嗎？」被擄回歸的百姓從巴比倫返回耶路撒冷後，隨即着手重建聖殿，不過在期間失落了對神的熱情和信心，以致工程半途而廢⋯這些在荒涼的離島上“重建”聖殿的信徒，他們有甚麼不一樣，不介懷自己的家沒

有天花板？我相信只有是“上帝”對他們實在太重要，忙掉了自己的需要…神啊！讓我們因祢恢復，有祢就有一切的熱情和信心！滿足喜樂地敬拜祢！

五島列島由福江島、久賀島、奈留島、若松島及中通島五個大島組成，而頭之島是中通島右上方的小島，有行車天橋連接，島上有一處小機場（上五島空港）只有疏落的內陸航班，島上居民也稀少，要到頭之島教會的交通可算是不容易。也因要保護四週自然環境及世遺建築，所以去前要在有關官網預約才能參觀，在官網選好參觀時段（參觀有限時），會收到電郵通知，按時到達上五島空港；在那裡有專門巴士前往頭之島。雖然好像不太方便，不過腳踏到這奇妙的土地又真的有另一種感受！當我們坐著巴士走過連綿的山路，快到達頭之島教堂時，充滿了邂逅已久的期待，在這樣荒涼的山頭，竟然有這樣美麗又崇敬的教堂，突顯世間少有的寧靜樂土。摸一摸信徒辛勞搬來石頭，坐一坐教堂內裡的木排椅，感受神喜悅他們的熱情，在那個貧困的時代，真不簡單呢！讀者們謹記捉緊時間，因為每段參觀時間很有限，到了時限就要趕著坐巴士回去五島空港集合處。在教堂面對的海邊有一處古老的信徒教會墓地，最早的墓碑是明治20年（1887年）已經存在，而且墓碑群都是十字架形態的石刻，在日本並不常見，是潛伏信徒的墓地，若有足夠時間可以去了解一看，提議早上來到頭之島教會參觀，比下午優質，因為下午會天黑得好快，尤其是如果在秋冬季，不利拍照遊覽。

4 五島列島區

我的心哪　你要讚美耶和華

野崎島教會　是立在不可能的可能奇蹟

野崎島教會

當與環境融合便顯得孤寂的教堂

> 野崎島教會

（位於小值賀島對面）

相比起頭之島教會，野崎島教會更是屹立在荒涼中的荒涼。在疫情前我們去了一趟，首先要到達五島列島的中通島，再轉到小值賀島，我們留在小值賀島作為住宿基地，再轉乘小船到野崎島。由小值賀島的

笛吹港有船前往野崎島，船程約 35 分鐘，而一天只有一班船往返，若錯過船期就有點麻煩了。野崎島現在基本上是無人島，碼頭有世遺景點接待處，只有一兩個員工當值，由於都是坐同一班船前往，所以都會遇見他們，他們也自然知道及數點有多少遊人來到島上。我們去的時候，就是那些員工帶我們去參觀火山火口跡的地方，他都叮囑我們在島上要注意安全和船期，因為島上自然環境荒涼，也有廢棄的村落，加上現存有 400 多頭野生鹿隻在自由走動，卻只有其中的一些地方有鐵絲網圍著欄阻牠們進入。我們都帶著探險的精神一步一步的，尋覓走遊野崎島上，去了解從前不可能發生故事。

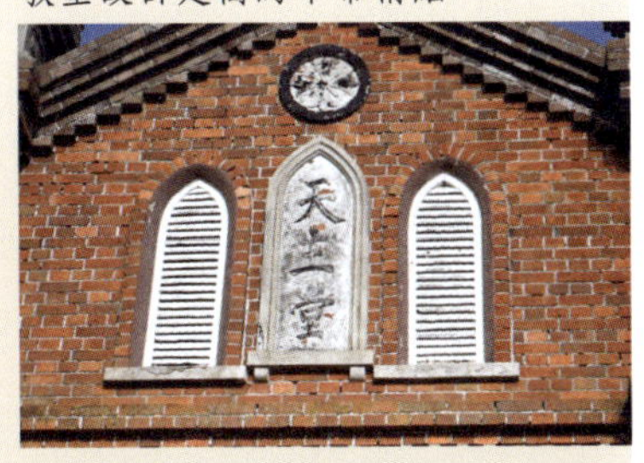

教堂設計是簡約中帶精細

野崎島教會及集落都與頭之島等地方的出現相似，都是潛伏信徒到來為堅持信仰生活而建立。1908 年，當時已經到明治初期（不再禁教），在島上的 17 戶漁民，共同節衣縮食地奉獻自己所有的來建起教堂，他們更請來建築家鐵川與助負起設計工作，當年有不少教堂建成都是出自這信徒的手筆。在島上重要的背山面海中心位置，建起這看來簡單又不簡單的教堂，是島民在禁教之後敬畏神的心願。我們今天可能

有點像非洲荒野的沿岸，信徒是怎樣生活的？

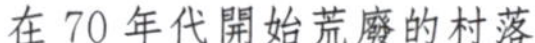

在 70 年代開始荒廢的村落

野崎島教會簡而美的內部

常聽到一些人說建築物對教會並不重要，一群人同心合意就是教會等言詞…是沒錯的，不過當年的信徒在這樣的時勢處境下，經歷 250 年的信仰壓迫在生死中逃難隱藏，為的是承傳信仰，與我們在今天自由社會，喜歡就可以去這去那參加崇拜，分別甚大！他們在心靈和社群中都熱切期待可以再有上帝的殿，更非常渴望在殿中一起同心公開地敬拜和禱告！而且建立教堂建築更代表他們的同心合意，能有份奉獻和參與是無上的榮光！當我們能多站在歷史上思考，不只用現在的眼光和處境，去判斷前人或教會傳統，生命才會更多同理心、持平和多一份尊重。坦誠說，其實後人也許會一樣的對今日我們所為所說下判

現有約 400 頭野生鹿隻在島上生活

語，我們也期待將來的人，更多了解今天的自己和今天我們所身處的境況，不是的嗎？所以這等教堂建築群，背後正是代表不同的信仰故事及歷史，或者這等感人的詩篇才是構成入選世遺的重要原因。

野崎島教會所在地因為過於遍僻荒涼，在 1971 年最後一次的彌撒後，島上居民帶著眼淚而遷居城市生活。潛伏信徒或後人，在信仰上能否能融入城市的"常規"或繼續自己建構已久的本色化信仰形態，相信是因人而異，及後再談。島上留下不少荒廢村落，加上四周很特別呈現土紅色的火山岩地形及風勢非常厲害，構成奇特的自然生態環境。我們也遇見不少體形巨大的鹿隻，這些沒人管理的野生動物，最好不要驚動牠們免得危險，更不要餵食牠們，遠處觀賞就可以了。今天雖然已經不再看見信徒熱情的來到他們期待已久的教堂聚集，但在我們沒法想像的地方、不可能和不應該存有的地方，卻是仍在天地之間屹立見證在歷史時光中，發生過對上帝的激情和湧流！人會忘掉，但上帝會記得的！

| 我的心哪 你要讚美耶和華 |

> 黑島及黑島天主堂

（位於佐世堡對開海域）

黑島位於佐世保海域，是香港人知道有名的風景點九州九十九島中最大的島嶼，本來沒有列入尋覓之旅的名單上，因為對於旅程來說並不順路，要特意專程前往，也要花費假期和金錢。不過經歷三年嚴重疫情後，心境也不一樣了，可以去的時候就好好珍惜，明天的事還不知道，所以在 2023 年初日本再次開關後，先去了島原和天草，到 5 月份就專程到黑島一趟。黑島是可以坐船即日來回佐世堡市，不過會比較趕急，但我們既然遠道而來，所以計劃在黑島住宿和連車帶人一同坐船到島上尋覓。島上旅遊設施不多，只有幾間長者或原居民經營的民宿、一間日用品小商店及咖啡小食店而已，有些是潛伏信徒的後人開設，我們也好不容易才預定了住處，其實除了有關信仰的景點，當我們環島行時也會發現不少特別和美麗的風景，如蕨展望所（觀景台）在島的西南邊；若果天氣晴朗時可以遠看天崖海角和日落日出之美。

駕車坐船在香港已經沒有了

黑島碼頭的接待所，有齊備的資料

在風雨天來到黑島，的確沒法想像在人口稀少的小島中，有近似歐洲建築水平和規模的教堂存在，比起之前介紹的頭之島教會及野崎島教會更雄偉有序。我們在參觀教堂時因為雨勢太大，連忙跑進了教堂旁邊的小型展覽館，在展品中我們看見當年神父所用的聖經竟然是由香港印製，這是奇妙而親切的發現，好像突然跟歷史連上關係的感覺！教堂本身每天仍有聚會定期進行，所以在日出清晨時份參與了他們每天都有的晨禱彌撒，我們和島上教友一同出席，有修女和司祭主持，因為正下大雨參與人數不多，但禮儀的尊重度沒有減少。一個多小時過去，島民跟著都去幹活，這裡因常有外來的聖徒或訪客到來參加，他們都習以為常，但相對我們是不錯的體驗。崇拜儀式感使人停下手上的工，學習專注上帝的事，今天我們信得自由自在，也不再強調禮儀的重要，信仰非常生活化，或許要小心當過於極端就會翻船，只重於生活就容易過於鬆懈，人亦難於學習分別為聖的敬畏，漸漸變得隨意是但；但若太過緊守禮節和重視儀式，信仰亦會變得教條及彊化，歷史就是說明了，鐘擺兩極都有出問題的時候，並沒有絕對的呢！

信仰復活之地的石碑（*Linda* 攝）

當年在禁教時期的潛伏信徒因島上牧場重新開墾，所以來到黑島與當地原本的聚落和平共處，透過不同的宗教掩飾下，以秘密組織和方法維持基督信仰。在宗教解禁前一年（1872 年）黑島信徒領袖出口先生暗地裡邀神父偷偷地探訪了黑島，信徒都聚集在他家中舉行首次彌撒，是非常感人的時刻！現在出口家原址旁邊立著一個“信仰復活之地”的石碑作記念。直到 1902 年由**依著瑪爾曼神父**帶領，在島中心建成了紅磚所砌成的黑島天主堂是第二代教堂，教堂充滿特色和用心，結合當地材料技術及由法國運來的彩色玻璃等，展現著信徒的喜悅和信心。他們從海岸邊的斜坡運來的資源，窯製煉瓦並一個一個堆砌在建築物上，讓信徒們自己建起自己的教會。而另一位法國藉 ***Marmand*** 神父也來到黑島，與島民重建信仰和復興教會。當我們

晨光下的黑島天主堂

遊歷島上漫步（在碼頭世遺接待處有電動自行車租用代步），可以重組這裡的小島故事，每處地方及遇見的人都彌漫著信仰的氣味！真的，鼓勵你或教會小組來這裡滿有內涵的信仰小島，安靜退修、思想祈禱、休閒旅遊，絕對值得！

（現時島上只有 300 多名居民，但仍有近 8 成是信徒）

蕨展望所（觀景台）在島的西南邊

從長崎外海地區移居至離島的潛伏信徒集落和教會，在解禁後相似的故事一個接一個大量的發生，又跟據不同地方有著差異的特質，絕對不是偶然的！他們經歷黑暗和艱難來持守著信仰，在沒有司祭的屬靈牧養下，信徒只有自組起來，運用智慧、信心及不同的方法存活下去，相信一點也不容易也必定有想不到的挑戰。250 年的禁教不是短的日子，一代接一代的持守承傳盼望，要堅持下去的決心是值得我們學習。當解除禁教令，也不是一刻間完全自由，但他們都不懼危險，急不及待的爆發出讚美之情的歡欣。曾看見一些介紹及黑白相片，信徒的喜悅再次聚會敬拜真令人感動，我們在長崎地區差不多實地到訪過所有這些"歡欣敬拜的現場"，所得的最重要訊息就是信仰自由不是必然，筆者也曾經在國內前線事奉多年，點點明白這種真實性。困難經歷會讓信徒成熟的步履加快，今天香港信仰自由氣候漸漸改變時，作信徒或牧者除了在機遇之下離開，有沒有想過這境況也可能是上帝容許要屬祂的子民"經歷"的成長過程？

潛伏信徒群體，經歷祂的作為！由心讚美耶和華！

想到詩篇 146 篇

1 你們要讚美耶和華！我的心哪，你要讚美耶和華！
2 我一生要讚美耶和華。我還活的時候，要歌頌我的神。
3 你們不要倚靠君王，不要倚靠世人，他一點不能幫助。
4 他的氣一斷，就歸回塵土；他所打算的，當日就消滅了。
5 以雅各的神為幫助、仰望耶和華他神的，這人便為有福！
6 耶和華造天、地、海和其中的萬物，他守誠實，直到永遠。
7 他為受屈的伸冤，賜食物與飢餓的。耶和華釋放被囚的。
8 耶和華開了瞎子的眼睛。耶和華扶起被壓下的人。耶和華喜愛義人。
9 耶和華保護寄居的，扶持孤兒和寡婦，卻使惡人的道路彎曲。
10 耶和華要作王，直到永遠。錫安哪，你的神要作王，直到萬代！
你們要讚美耶和華！

有老友同行又喜愛攝影的是美事！

默想一刻

日本禁教迫害時期所孕育的“潛伏基督徒”，可以算是在特殊處境下的產物，並不是他們感覺自己特別出衆或對傳統充滿反感而出現，這些信徒在生命和信仰的求存下，一步一步演化出他們的信仰文化特質，在經過 250 年的處境和經歷中陶造，已經跟原來傳入的“正統”天主教在形式和禮儀上有不少差別。因為長時間以“潛伏”這核心需要而大幅度信仰本色化，也只能口述方法承傳真理，又沒有系統教義規範的管理和教導下，在真理上可能也有所失缺，這是可以想像的，感恩本質上仍是與正統同一方向。在禁教結束後，這種處境漸漸失去影響力，也開始重新融入大城市的規模生活，潛伏及本身的演化不再是剛性必需，而且重遇“正統”的時候，衝擊、發現和適應一定會發生。潛伏基督徒個人或群體現在已經剩餘不多，我們在黑島仍可碰上融入常規的潛伏信徒後代，在偏遠地區仍有少量年長的後人持守著，但絕大多數已經放下這些特殊信仰方式文化，有些比較開放者就回歸常態，完成歷史時代使命！

現代的資訊爆炸社會跟前從很不一樣。人人手機在手，已經到了沒有可以潛伏的地步，地球早已成了地球村的細小結連，資訊其實難以封鎖，人在眾多資訊下不是沒有資料，而是有過多的資料，需要懂得怎樣辨析和選擇。各方的思想管理者也深悟如何使用資訊戰略去進行“洗腦”的文明方法，無論黑與白其實都行這道，傳廣他們認為的“福音”。我們在不知不覺間就成了別人的門徒。今天基督信仰群體要持守“正統”的確不容易，正統（*orthodox*）其希臘文是指“站直”（*standing straight up*）或“正確的方向”。不過筆者會再問自己，我所堅持的“正確方向”是甚麼？是學者構想的神學理想思維？是教會群體性格營造出來的生活文化？還是個人經歷上帝掙扎過的信仰真實？也許樣樣都有，也許側重一方，其實追尋信仰的形式和方法演進不斷，也相信沒有絕對的唯一性。因為上帝有寬宏的屬性，容許不同的人可以作出選擇路徑，但在過程中總會有人的陋習或缺失的元素所感染，因此重要是堅定正確的方向，我們有重任認清及維護“正統”。而歷史中潛伏信徒就是在困難中，縱使不完美或有偏差，但盡力持守著正確的方向，給我們見證、提醒和參照。

是甚麼正給我們盼望？

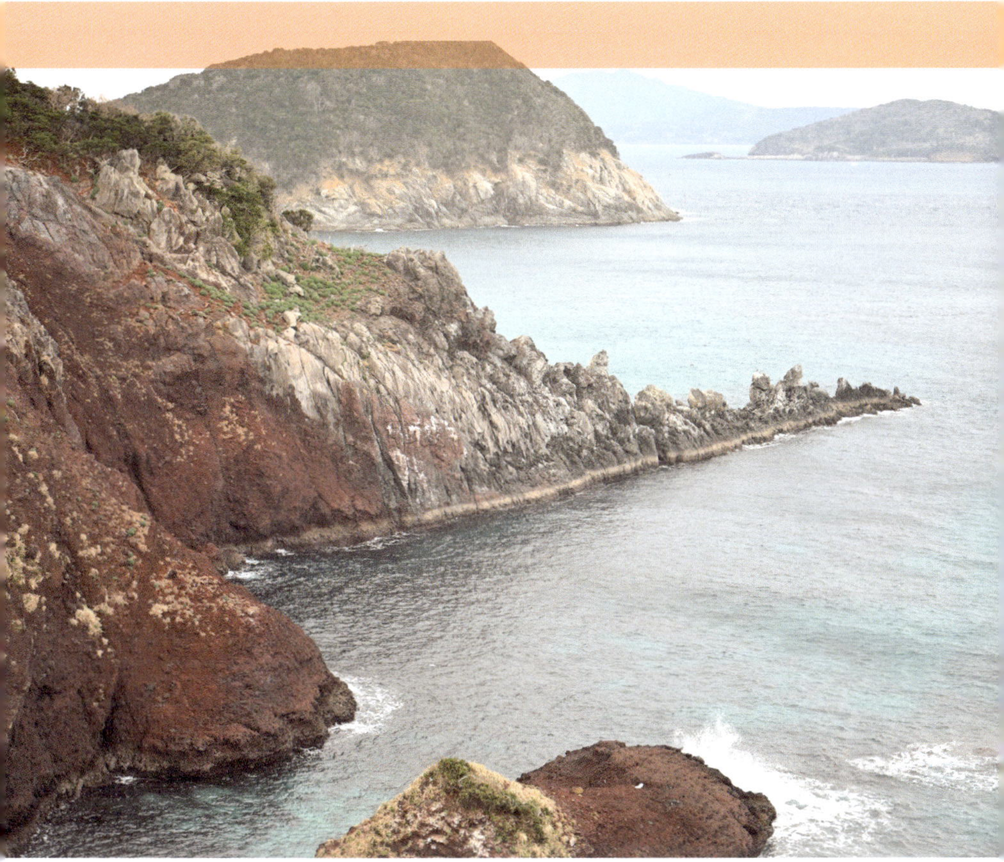

地貌奇特之美　像恐龍趟在海上嗎？

野崎島海岸

3 天草島原區

因著信仰的嚴重逼迫及禁教律令，大量信徒唯有放棄遷離本來居住的地方，以潛伏信徒形態走到偏遠山野或無人海島定居，建立不同的信仰集落繼續承傳所信⋯

放棄是信心奇蹟的開始

天草崎津集落是美麗的漁港

> 天草崎津集落

崎津集落早在戰國時代之前就已經存在，耶穌會傳教士於 1569 年到來傳教，形成信徒集落。進入禁教期間領袖們繼續堅持著信仰儀式和活動，秘密組織信徒表面上歸順於佛教寺廟或地區守護神崎津諏訪神社，

攝自崎津資料館旅客中心內的展品

在吉田村長官宅舉行“踏繪儀式”，以假裝表示非信徒的身份。堅持信仰下的潛伏信徒生活和生計越來越艱難，所以甚至借助如鮑魚殼內繪聖像等生活常見的物件作為聖物禱告代替彌撒儀式，有的就在房子的木柱中偷空來放置聖像等等，在崎津資料館（旅客中心）的展廳展可以看見，信徒凝望這些“聖物”會是怎樣的感覺，心中又會怎樣禱告。有時越沒有可能就是最有可能，今天我們擁有多如繁星的信仰資源，又不見得我們特別敬虔渴慕。在 1805 年他們的身份終於被人發現，

崎津教會就在民居旁邊

幕府官員為了讓他們承認是被誤導才信教，繼續採取踏繪儀式來證明他們不是天主教徒，這次的被發現有不少信徒逮捕和被迫害。到後來禁教結束，現在的教堂建於1934年，按法國藉哈爾布神父的強烈要求，選址於吉田村長官宅，就是當時踏繪儀式的現場，視為信仰回歸恢復的象徵。

除了參觀崎津集落，也必定要去崎津諏訪神社，它在禁教期間建成，真沒想到成為潛伏信徒的掩飾神社，我們在神社旁邊的一條小路，可通向後面再爬約 500 級樓梯直上山頂，到達展望公園，但因為登山的人不多，所以一路上也有不少蜘蛛網的留痕。當我們終於爬到山頂時，那是一處美妙的空間，有展望台、小教堂和可以搞得響亮的鐘聲，而且可以鳥瞰崎津集落的優雅和遠山海岸的島嶼，我們也在此自由敬拜禱告，歸榮耀給神！

有一位神

有一位神　有權能創……造宇
也有溫柔雙手安慰……傷靈魂
有一位神　有權……一切罪惡
也有慈悲體貼……
有一位神　我們……
唯一的神　名叫……
有權威榮光　有……
是昔在今在永在……

（……之泉詩歌）

崎津諏訪神社的山頂另有一番景象

在崎津教會附近吃到的長崎蛋糕壽司！
蛋糕內是米飯，非常有趣

> 舟森集落跡

1845 年，距離禁教令解除還有近 20 多年，信徒開始在野崎島南端山坡上開墾房屋、耕地和瀨戶脇教堂，形成舟森集落。我們也曾想到訪，但因為實在難於前往，需要行荒廢山路 3 個小時才能到達，考慮到時間和體力上的問題，而且也怕錯失了每天只有一班的船期，所以只在對面的中通島上用長鏡拍攝和遠看。連現代人都感到偏僻荒涼的地方，加上荒野的陡峭山坡，就是潛伏信徒的最後防線。他們在這樣的困苦環境，建築簡陋房屋及開墾梯田，承傳了下一代，不得不佩服他們的毅力和勇氣！在全盛時期，有神父在平房教堂主持彌撒，有近 150 人聚集參與，看來這集落不算少，都過著自給自足的信仰生活！今天雖然已經成為遺跡，但仍有集落居民後代住在鄰近的小值賀島。

使用長鏡頭看舟森集落跡

船上遠望野崎島

見証時代的荒廢村屋

默想一刻

我們今天看為艱苦困難沒有盼望之地，卻是如天堂般的融和喜樂之迦南。經歷迫害、折騰和遷居必然是痛的，但卻又不一定盡是苦的味道，甚至有超乎的幸福感！有位牧者曾說：人生非因幸福而感謝，乃因感謝而幸福，感謝是榮耀上帝的心，邁向幸福的鑰匙。在困難生活或危機中仍重視上帝，不怕艱辛身體力行的來建起保護信仰的山頭，機智地運用各種日常方法盡力去讓信心保存，在仍可以思念、祈禱及敬拜上帝而感恩的集落群！是我們見過最美的風景來吧！打卡是為了記得他們的激勵故事！

在小值賀島往野崎島的碼頭

拍攝是獨處思考的好時刻

偶遇更想認識多一點

對於要了解一個城市或地方，到該地博物館參觀是不錯的選擇，我和太太都有這樣的習慣，無論去旅遊和訪宣都會去拜訪當地的博物館或藝術館，不經意地有時收穫甚豐，了解更多後再去遊歷，就不會只是拍拍照打打卡，但再問深入一些，其實都不知自己去了那兒。

信仰有時像旅行，有些人喜歡跟團（被動地有人安排一切，預計會遇見甚麼，平穩安舒但卻是淺薄的看見，甚至有時旅遊回來後也沒有太深刻印象去過那裡），有些人卻熱愛自由行（要主動自行計劃，可能看見不一樣的風光，有挑戰危機但屬於深度的經歷），我相信是兩種完全不同的態度，不知我們又會如何選擇生命旅程的計劃？

2 長崎外海區

> 長崎外海歷史民俗資料館

長崎市外海地區是信仰豐盛的搖籃和集中地，都是充滿信仰價值的遊覽景點，前文都有提過不少好去處。而長崎外海歷史民俗資料館通常都會被忽略，因為好像就如館名一樣是展覽有關民俗文化的博物館，大家不一定感興趣，我們在去沉默之碑遊覽時，將車泊在對面的停車場，就是資料館的所在，所以也順道一遊，其實都不在原本行程之內。共兩層的展館，地面為一樓（日本文化普遍稱地面樓層為一樓）是人民生活歷史和展品，有興趣其實也不錯一看，當我們一步一步的踏上二樓，才發現其貌不揚又被輕看的資料館，出乎意外地遇見那次旅程中震撼心靈的展品之一。在一個不起眼，沒有期待的資料館二樓的角落處展

攝自長崎外海歷史民俗資料館內的展品

震撼心靈的展品之一

櫃中，遇見充滿手印的破舊布袋、一個生銹金屬小罐、一些紙碎及一個細小到只要打個噴嚏就會不見的木製十字架…哇！這就是當時在日本禁教時期“潛伏信徒”家裡重要的寶物和信仰支柱！激動自己不只是這件遺物，而是聯想到擁有這“寶物”無名的人對神的單純和信賴，這個無名的人，沒有傳媒報導、沒有人為他寫文章、甚至沒有人知道他的故事…在禁教期間只有自己與這小小破舊十架的禱告對話，他會怎樣對他所指望上帝來禱告呢？上帝又怎樣看這手中緊緊握著十字架、看信仰為寶貴的人來回應？我那一刻找不著答案，但心裡深深地受感動著…

這樓層有如家傳寶箱，有不少信仰珍貴遺物，如禁教期間的“代用聖物”用以隱藏信仰身份，也有殘缺不堪的手抄聖經及用於禱告頌讀的紙本等等，期待與有心人遇上，尋覓內裡的故事，值得我們慢慢細看、默想和深思。若果你也打算順道參觀附近的多羅神父紀念館，就請保留門票，因為兩者是通用入場的優惠！就不用再買門票了。

3 天草島原區

> 天草市切支丹博物館

位於天草市殉教公園內的天草市切支丹博物館 *(Amakusa Christian Museum)* 絕對是了解日本史上有名的宗教戰爭島原之亂的好地方，是非常具規模的主題博物館，有幾項重要的展品萬勿錯過；其一是天草島原之亂的發生過程，運用兩軍對陣的日記形式展示，加上多樣的文獻和圖像，如將領的陣營圖、天草四郎物語和軍紀、兵器火藥、農民信徒的自製十字架等珍貴藏品，讓人在跟隨觀看時有置身其中的真實感覺；也清楚重點地展示共 123 日爭戰圍城的日子（1637 年 12 月 11 日至 1638 年 2 月 28 日），另外起義軍充滿信仰味道的天草四郎陣中旗，完全跟當時其他領地藩主的不一樣，陣中旗是各地藩主的識別旗幟，在戰爭時軍隊都會揚起來鼓勵軍心。這天草四郎陣中旗是國家級重要文化財物，博物館收藏了真跡，旗上有血蹟遺痕（前文 90 頁提及過有關歷史故事），由於過於珍貴，所以恆常展示的是複製品，不過在每年的某些日子會展示真跡。單單這兩項展品已經可以用上個多少時細心參觀。

在博物館外守望的天草四郎雕像

除了島原之亂外，博物館也展出不少禁教期間的遺物，如立在村口的禁教指令木牌、各式各樣踏繪板、記錄用的改門宗帳簿等。我們好像上了一門互動的信仰歷史課，信仰不獨只是我們所參與的小組和教會，信仰的更闊維度是與歷史同步，而歷史給我們醒覺、給我們啓迪！

希伯來書 13:7-8

7 從前引導你們、傳神之道給你們的人，你們要想念他們，
效法他們的信心，留心看他們為人的結局。
8 耶穌基督，昨日、今日、一直到永遠是一樣的。

這些經歷變幻年代的信徒，是怎樣走過艱難？他們的生命正展示甚麼內容？值得今天我們留意和借鑒，不過更重要的醒覺是，勿忘上帝是在歷史的廣闊進程中唯一沒有改變及在場，這才是在幻變中最重要的指望！

其他誠意推介景點

哥拉巴園（長崎市）

歐洲味道的下午茶

四國扒故事（長崎市）

11-13 Heiwamachi, Nagasaki, 852-8116 日本

溫度小店就是不一樣

堂崎教會（五島市）

綠茶おば親切的婆婆

小賀值島（小值賀町）

環島行盡是自然美

長崎蛋糕（長崎市）

正宗長崎味道的蛋糕

長崎（蜂蜜）蛋糕是起初

葡萄牙人傳入的食物

長崎美術館（長崎市）

看日落的海岸勝地

Cafe 海咲（黑島）

山旮旯中的意式溫情

海月壽司店（天草）

廚師親自釣魚的
特式壽司

西九州 JR 鐵路
（長崎市）

快得離譜的海鷗號

市內電車（長崎市）

四通八達的交通網
可以購買一天的通行証
（在長崎站及各大酒店有售）

尋覓之旅 ｜ 實際行程建議三級跳 ｜ 只列出重點地方

基礎篇：長崎市及外海地區（難度：一星）

6 天行程
可以由福岡或長崎機場入境

若由福岡入境，可以乘坐高速巴士到長崎駅（約 3 小時車程）

首天與最後一天
- 航班交通安排 + 自由篇寫行程
- 晚上可考慮坐吊車到稻佐山山頂看夜景或遊坐市內電車等等

Day 2 星期五（長崎外海地區）
早上
> 遠藤周作文學紀念館

下午
> 沉默之碑
> 出津文化村及出津教會
> 長崎市外海歷史民俗資料館

Day 3 星期六（長崎市）
早上
> 26 殉道聖人記念館 / 廣場

下午
> 大浦天主堂
> 祈念坂
> 哥拉巴園（長崎蛋糕下午茶）

Day 4 星期日（長崎市）
早上
> 浦上天主堂（可參加彌撒）
> 長崎原爆資料館

下午
> 和平公園
> 原爆中心點
> 永井隆博士紀念館及如己堂

Day 5 星期一（長崎市）
早上
> 清晨到 26 殉道聖人廣場（默想、安靜）
> 上稻佐山山頂禱告

下午
> 長崎水邊之森公園
> 長崎美術館看日落

進深篇：天草島原（難度：二星）

8 天行程
可以由福岡或熊本機場入境

若由福岡入境，可以由博多乘 JR 到熊本

首天與最後一天
- 航班交通安排 + 自由篇寫行程
- 晚上鄉郊活動不多可自行安排

Day 2 星期四（熊本 > 島原）
早上
> 去島原途中

下午
> 島原（島原駅）
> 大三東駅海邊車站景點

Day 3 星期五（島原）
早上
> 島原城及周邊旅遊景點

下午
> 島原有馬遺產記念館

Day 4 星期六（島原）
早上及下午
> 原城跡遊歷（默想、安靜）

Day 5 星期日（島原 > 天草）
早上
> 坐渡輪由口之津港到鬼池港
> 富岡城遺跡

下午
> 天草市崎津集落

Day 6 星期一（天草）
早上
> 天草市切支丹博物館
> 殉教公園

下午
> 天草市旅遊景點

Day 7 星期二（天草 > 熊本）
> 熊本旅遊景點

＊五島列島由福江島、久賀島、奈留島、若松島及中通島五個大島組成

發燒篇：五島列島＊、野崎島、黑島（難度：三星）

10 天行程

可以由福岡或熊本機場入境

若由福岡入境，可以由博多乘 JR 到佐世堡

首天與最後一天

・航班交通安排＋自由篇寫行程
・晚上鄉郊活動不多可自行安排

Day 2 星期四（佐世堡）
早上
> 九十九島觀光公園
下午
> 花之森公園

Day 3 星期五（佐世堡 > 黑島）
早上
> 相浦港乘渡輪到黑島
  留在黑島過夜（只有民宿（預約））
下午
> 黑島天主堂（默想、安靜）

Day 4 星期六（黑島 > 佐世堡）
早上
> 黑島旅遊景點
下午
> 黑島乘渡輪回相浦港

Day 5 星期日（佐世堡 > 中通島）
早上
> 佐世堡乘渡輪到有川港（中通島）
> 五島公共交通不便，建議在有川港租車遊歷
下午
> 頭之島教會（預約）

Day 6 星期一（中通島 > 小値賀島）
早上
> 有川港乘渡輪到小値賀島
  留在小値賀島過夜（只有民宿（預約））
下午
> 小値賀島旅遊景點

Day 7 星期二
（小値賀島 > 野崎島 > 小値賀島）
> 小値賀島來回野崎島
> 每天只有來回各一班渡輪！
> 野崎島教會及周邊一天遊

Day 8 星期三
（小値賀島 > 中通島）
早上
> 小値賀島乘渡輪到有川港（中通島）
下午
> 在中通島或若松島等一帶遊歷

Day 9 星期四
（中通島 > 佐世堡）
早上
> 在中通島或若松島等一帶遊歷
下午
> 有川港乘渡輪到佐世堡

安排旅程溫馨提示：

> 除基礎篇外，其他景點與景點距離較遠，要預交通時間和安排
> 五島列島島與島中間多有橋樑連接也有渡輪來往，所以安排可按自己的行程調控
> 主要渡輪公司：九州商船、五島產業汽船、黑島旅客船等…也有小型內陸飛機來往長崎機場到福江島機場
> 福江島雖然也有不錯的景點，但島的面積大不利遊歷
> 大部份渡輪航線都可載車同行（另計費用）
> 島嶼需步行較多及天氣變幻要留意
> 行程安排留意勿碰上日本公衆假期
> 此頁行程建議只供參考

6天行程資訊參考

基礎篇是入門，讓尋覓者在短時間內能看見最廣闊的維度，長崎市有關的歷史景點最集中，這樣每天有主題的篇排設計，可以有更深的思考引導和遇見

	日本長崎市 屬靈尋覓之旅（基礎篇）6天行程安排只供參考					
	2/11/2023(四)	3/11/2023(五)	4/11/2023(六)	5/11/2023(日)	6/11/2023(一)	7/11/2023(二)
主題	出發到長崎	(長崎外海區) 思索空間在沉默	(長崎市) 信仰的迫害與光復	(長崎市) 近代長崎黑暗和光明同在	(長崎市) 沉默與聆聽神及神的僕人	(長崎市) 分享在長崎
上午	HK Express U0600 香港到福岡 07:45 >	·遠藤周作文學記念館	·26殉道聖人記念館 ·26 Christian Martyrs教堂	·浦上天主堂(可參加彌撒) ·長崎原爆資料館	·清晨到26殉道聖人廣場(默想、安靜、靈修) ·上稻佐山山頂禱告	自由時間
下午	福岡國際機場坐巴士到長崎巴士站 13:12 >	·沉默之碑 ·出津文化村及出津教會 ·長崎市外海歷史民俗資料館	·大浦天主堂 ·祈念坂 ·哥拉巴園(長崎蛋糕/下午茶)	·和平公園 ·原爆中心點 ·永井隆博士紀念館及如己堂	·長崎水邊之森公園 ·長崎美術館看日落 ·商場購物/手信	12:30 > 長崎駅巴士站到福岡國際機場 HK Express U0639 福岡到香港 18:45 >

留心聽解的訪宣隊員

為這城禱告（長崎市）

在稻佐山山頂展望台

可以在網上找看的黑白電影

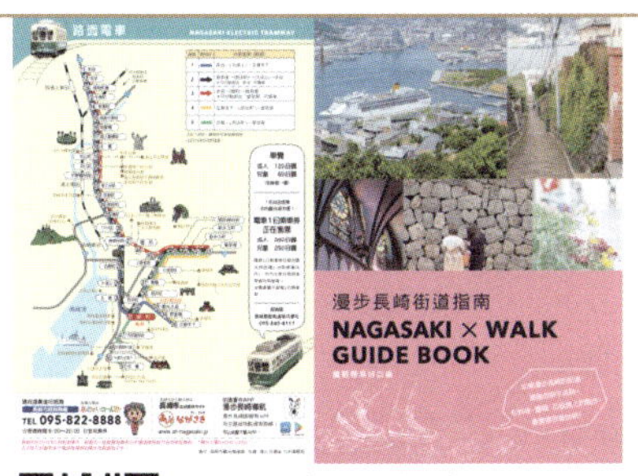

漫步長崎街道指南 NAGASAKI X WALK GUIDE BOOK

官方的長崎旅遊冊子（包含交通資訊）（繁體中文）（留意資料可更新變化）

https://wwwtb.mlit.go.jp/kyushu/content/000014400.pdf

住宿參考：

> 1-2 人的商務經濟旅店

Hotel Cuore 長崎站前（非常近長崎駅、大型商場及 26 殉道聖人記念館。房間細小）

https://www.hotel-cuore.com/en/

> 2-4 人的舒適優雅酒店

THE GLOBAL VIEW 長崎（交通方便、豪華舒適、自助早餐美味豐富。住宿價錢較貴）

https://www.rio-hotels.co.jp/nagasaki/

> 團體或家庭自助式公寓

GRAND BASE Saiwaimachi（旺中帶靜、房間寬趟、可以煮食。沒有櫃台服務員）

https://grand-base.jp/hotel/gb-saiwaimachi/

交通參考：

> 包車（連司機）服務

GO JAPAN

（車種選擇多、家庭或團體都合適。請預早 3 個月以上預約）

https://gojapan.com.tw

> 租車（自駕）服務

日產租車 長崎站前店

（車種選擇多、價錢合理。請預早 3 個月以上預約）

https://nissan-rentacar.com/zh?uidoi=61f7ba1307eed

購物參考：

AMU PLAZA NAGASAKI（長崎駅旁邊、新建的商場、是長崎市的新地標）

https://www.amu-n.co.jp

COCOWALK（茂里町電車站旁、交通便捷、購物飲食好去處）

https://cocowalk.jp

* 本頁所提供的酒店或公司是筆者曾經使用過而已，只供參考性質，請按個人或團體需要選擇和衡量。

澳門聖保祿教堂（現今的大三巴）及學院

澳門 *Macau*

外篇

有關**長崎與澳門**，同樣是當時教區之歷史連結

澳門是當年傳教路線上的一個重要港口，也是天主教其中的教區，例如澳門、長崎、馬六甲…後來慢慢發展為傳教士（如：耶穌會）聚集的地方，他們在這裡生活、學習、等候出發或在他國被驅逐時逃難的暫時安身處，另外我們也可發現有日本的殉道者在澳門安葬。

澳門聖保祿教堂地庫的博物館中掛著日本 26 殉道聖人畫像

炮台在澳門是常見的，其實是殖民地時期的國家權力象徵，在一些炮身上仍可以看見葡萄牙文寫著**“天主聖名之城”**（在市政廳大堂入口上方也可看見），是葡萄牙政府對澳門的當時稱號，往日在葡萄牙的宗教文化陶造下，成為基督之城！澳門在城市開埠和宗教發展上都比香港早，在澳門看見有衆多教堂就可以知道，今天我們常來澳門旅行，但對澳門這樣近的天主聖名之城了解甚少，是不是很可惜呢？而且當深入觀察就會發現澳門與長崎在信仰上的連結不少，當時有著互為影響的重要性。15 世紀開始，日本進入禁教及迫害信徒時期，在長崎西坂的 26 聖人殉道事件後展開了黑暗日子，大量信徒及被逐出日本的傳教士，自然避難到最近的教區澳門，所以澳門一刻間成為支持正在困難的日本後方基地，我們也可從沉默小說及電影中看到澳門和長崎的有關連繫，因著避難也帶來不少知識份子和工藝師（他們部份住在有份興建中的聖保祿教堂後方建起小平房區，成為當時的日本人村，今天仍可看見遺跡）有助澳門各方面的迅速發展。由范禮安神父策劃的澳門聖保祿教堂（就是現今的大三巴）及學院也在這時代出現，而且這裡被訓練及當過教授的有名人材甚多，如湯若望、

昔日日本人村的位置

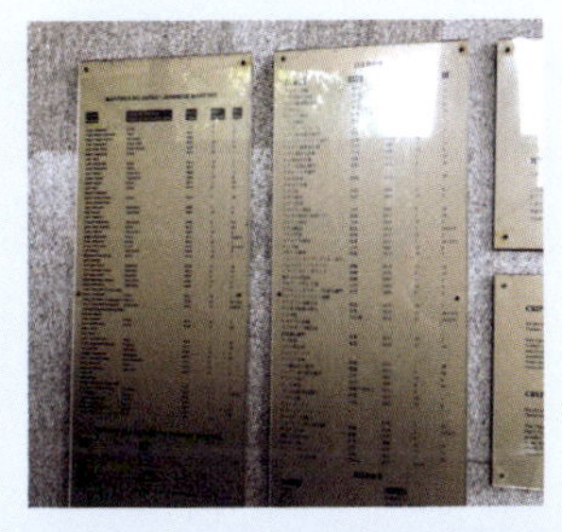

教堂遺址下的納骨堂安放著包括日本的殉道者遺骨和名錄

利瑪竇等人。後來澳門聖保祿教堂在幾場的大火踐踏下，促使這宣教基地進入了衰退期甚至後來被廢棄。這一切所發生的，夠竟是屬靈爭戰之結果、還是召命也有時代界限，亦會有結束之日？

在地上總是生有時，死有時，開始有時，結束有時…當我們有機會來遊覽澳門聖保祿教堂，昔日傳道者就是在這裡奉獻自己給上帝被差遣，前往日本傳教、經歷迫害或殉道…我們沉思著這些信徒的足印，生命雖然可能是短暫，上帝卻在歷史中真實為他們作證。

聖保祿教堂前壁的遺址，是當時東方最大的天主教堂。1594 年已經是一所有規模的大學學院。忽然聯想到上帝是否早已知道及準備了澳門，來應對同樣是宣教重鎮的日本長崎於 3 年之後（1597 年）開始的信徒大迫害？我們曉得萬有都互相效力，叫愛神的人得益處，就是按祂旨意被召的人。（羅馬書 8 章 28 節）當我們走遊過這兩個地方，確實有這樣的感動，相信上帝準備了。

最上方的面容雕刻是教堂前壁設計者

聖保祿教堂本身部份建於 1602 年，“三巴”是“聖保祿”的譯音，又因教堂前壁遺跡像中國傳統的牌坊，所以當地人稱大三巴牌坊。在教堂遺址下建有納骨堂及天主教博物館，安放著包括日本的殉道者遺骨和名錄，而設計教堂前壁的意大利耶穌會士斯皮諾拉（少為人知的是在前壁的右側旁，最上方有其面容雕刻，如個人畫作簽名一樣），他在 1622 年長崎大殉教事件中和另外 22 位殉道者被活活燒死！或許今天來澳門的遊人絡繹不絕，但可惜真知道背後信仰歷史的故事就不多了，也是筆者每次到來澳門時的感觸！

我們嘗試想像一下，那時候的澳門這麼多教堂建築群，在星期日早上前前後後的，敲響呼喚群衆前來敬拜的鐘聲，那份信仰場景是何等感動！我們今天可能輕視教堂建築的重要性，但對當時社會的確帶著真實的影響力，大三巴就像一塊巨型的福音單張，幾個世代（從前的人文盲不少）矗立不倒，面向世人傳遞福音信息！

見證日本歷史上有名的**“黑船事件”**之人物葬在澳門土地上

約瑟 · 哈羅德 · 亞當斯中尉

Lieutenant Joseph Harod Adams 1817-1853

亞當斯中尉的祖父是美國開國元勳的第 2 任總統約翰亞當斯、而伯父約翰 · 昆西 · 亞當斯是美國的第 6 任總統，這家族原來很有名氣！約瑟 · 哈羅德 · 亞當斯中尉在 1853 年跟隨佩里上將的船隊前往日本，逼令幕府政權重新開港貿易，史稱“黑船時件”；這是解除鎖國禁教的契機之一。在準備迎接成功之時，亞當斯卻病死在船上。後來安葬於澳門馬禮遜墓園中，而他的墓上只僅寫著，“他死於蒸汽巡防艦樸哈坦號上”。這樣顯赫的人，又難得見證有名的黑船事件，生命最後卻跟澳門連上！讀者有興趣可以到馬禮遜墓園尋覓一下，可能有更多新發現！

…拖拖拉拉之下，到 *2023* 年才完成未了之事…

感 恩 完 成

尋覓之後

> 寫這書；對於自己是生命更新

每次旅程都有份量

在 2023 年 5 月份去完佐世堡黑島之行後，真有點像日本動漫龍珠中，集齊了七顆“龍珠”的欣喜感受！已經接近走遍了這段日本信仰歷史的地方，用上了時間、預備、金錢和心力去完成尋覓之旅，這等“另類”經歷有時會遇見欣賞的笑容、但也難免有時會碰上無視與狹窄的眼光…身為傳道牧者，越來越感到不少教會變得功利和追求成功導向，找著的都是方法和策略，甚至說大成真理，若今天這個不行，明天又轉一個必勝工具，卻迷失了自己原來是怎樣走過來的！誠言，這本非工具化也不是方法論的書，不會人人都會感到有興趣，但若親愛的讀者你已經耐心讀到這裡，相信並非偶然遇見，真誠謝謝你的閱讀呢！

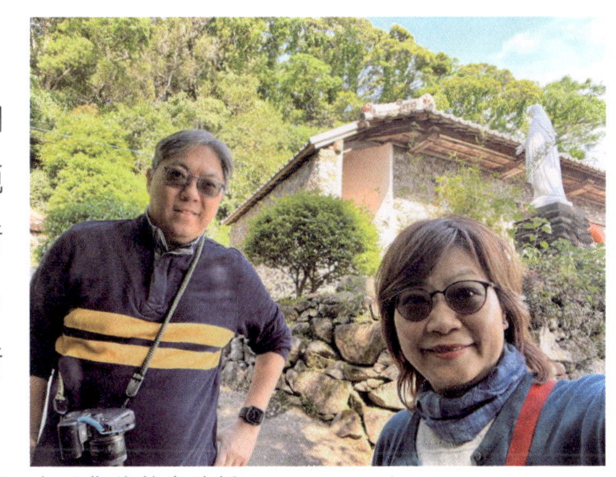
大野集落教會外攝

當莫名的感動在那一刻流進內心，我和太太就是有一份單純的期待，好像在尋覓中會有所發現，也期待將發現到的禮物，能與弟兄姊妹分享。幾年來所寫有關旅程的 *Facebook* 記錄、親自帶隊訪宣、*YouTube* 短片製作分享、甚至這本遊歷小書，都是基於這份簡單的感動，也沒有想過要事工化地大攪作，而且在不同的旅程中發現了很多珍貴的；無論是歷史饋寶、遺物遺跡、人物故事、屬靈領悟或風景美食，盼一切由心出發；精心的製作、溫度的分享、深刻的領會…就大滿足了。旅行是生活的趣味見聞，也可以連結信仰的豐富，不妨嘗一嘗尋覓之旅的體驗，相信是另一種深度之行亦可滿有樂趣，這也是寫此小書的心意之一（可能是香港首本民間書籍：有關日本長崎信仰歷史的遊歷主題。11/2023）。

我期待有長崎飯票 :)

我常常是長崎良美 :)

這是廣東話的笑話：長崎飯票粵語發音跟長期飯票一樣，代表衣食無憂的結婚對象；長崎良美像是日本人名，粵語發現音跟長期糧尾一樣，代表長期錢包也是空空

那對於自己又怎樣呢？最大的感受是；在悠長的歷史巨輪之下，我們只是非常渺小的人而已，世人說：“過去造就今天，現在決定未來。”對信徒而言不成立，因為上帝是超越歷史軌跡的，所以上帝才是我們的將來！但明白到渺小的人都有所局限，因此人怎樣演繹所信也有不足，雖然在這歷史維度中，好像信徒皆是被迫害者，但信徒又會否反過來有意無意之間迫害了其他人？在尋覓中其實也看見一些案例：如在島原原城相距不遠的日野江城的階梯遺跡中，使用了佛教塔石的一部分瓦礫，作為建造階梯的物料，或許是故意拿來當墊腳石的侮辱。當時島原藩主有馬晴信（是保護基督信仰的人）的領地被毀的寺廟和神社有多達 40 座（南島原市有馬基督教遺產紀念館可以看見相關資料），恐怕也有主動或容許“迫害”佛教徒的可能，這會不會成了在佛教信仰中的被迫害歷史？就連豐臣秀吉也曾質問傳教士說：“傳教士為甚麼要毀壞供奉神佛的寺廟和神社呢？”…其實我們都有機會成為黑暗，我們更不是光，的確唯有謙卑親近光源；我們的上帝，並且需要認知自身的渺小及倚靠超越歷史的主宰，才能成為反射光芒的生命…

下一站 長崎

Nagasaki

我的影像畫筆

尋覓之旅中開懷的是開動生命的旅程，信仰也不再只是單調的色澤，感到由小屋的維度走進大宅的廣度；又像用了幾年時間，去陌生的地方讀了一個另類學位的雀躍。歷史盛載經歷，經歷組成內容，內容支持信心；由外在世界的歷史中，尋覓遇見了生命內在歷史的實況；太多不必要又過度放大的嘈雜人聲下，反局限了信仰本身的闊度和深度…感恩尋覓上帝中祂並沒有沉默，給我和太太有機會遇上，又忠於內心單純地一次又一次踐行尋覓之旅，而且不覺之間騰出心胸，釋懷了一些不必要的牢固偏執和框架…

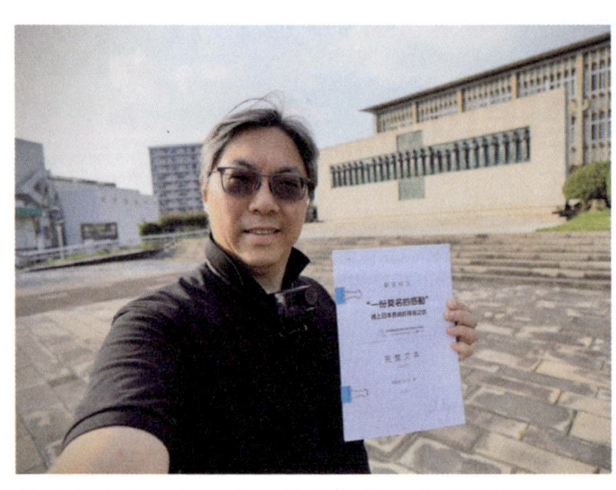

沒想過真的會去完成…說易做難…感恩喜悅！

2023 年的 9 月份，在這小書的文本部份完成初稿之際，特意攜同“文本”作為祭物，激情快閃了一轉長崎西坂 26 殉道聖人廣場（尋覓之旅的座標，是開始也是結束之地），傻勁地呈獻祭物和禱告給最重要的讀者（上帝），這樣的經歷認真表達自己的心，也豐盛了靈裡的倚靠，祂喜歡就是好！當然自己也開懷呢！遠望將來，期待上帝仍給我倆在慣常“就是這樣”的生活中，不斷湧流著一份由祂而來莫名的感動，而且加上實際行動，活出本來的樣式，一同再出發好嗎？

天父：昨天的歷史祢是在場，與生命共同經歷苦難的時代，今天的日本處境不同了，但仍有不少熱誠的弟兄姊妹及宣教同工在努力實踐福音使命，願祢同樣與他們同行，賜他們力量和智慧在新的時代，更深的在祢的引領、祝福和保護下，可以喜樂地回應生命的需要！使更多日本人能認識祢，得著屬天的盼望！

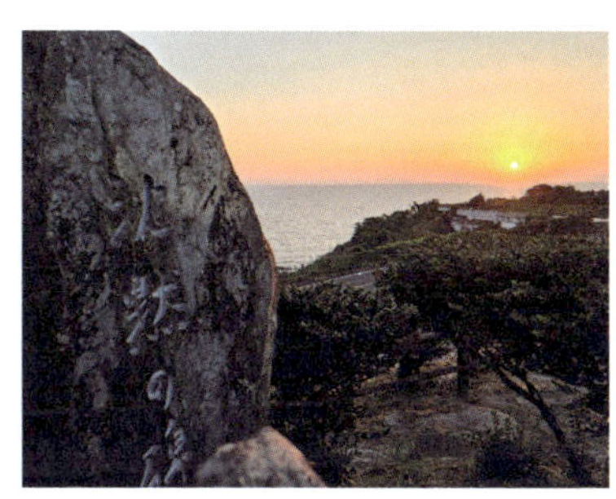
沉默之碑（*Jennifer* 攝）

也願天父使用這本小書，讓合適的人可以在其中，經歷和發現信仰的豐富和實在！歡欣地感謝天父！
禱告奉主名求，阿們

在此祝福每位寶貴的讀者，尋覓中遇見神！

Daniel 9/2023 香港

來吧！上車出發去尋覓生命…

尋覓之後

> 太太有話說

這一趟旅程，走了 5 年，由眼睛的看見到靈內的啓廸。期待再有續篇，繼續再繼續…前後共 8 次的長崎縣旅程，每一次也像翻開書本的一頁，一頁又一頁，精彩無比，每一次都期待下一頁…

香港人的其中一個特性，就是快來快去。落筆寫這篇分享時，是剛剛超強颱風蘇拉吹襲香港之後。24 小時前還是呼呼不停的 10 號風球，有些屋苑吹到連窗戶也爆破了；那知道不夠一天後便開始陽光普照雨水也不多一點。除了地上仍有屍橫遍野被吹斷的樹枝及落葉，抬頭卻看著藍天太陽，彷彿好像沒有掛過颱風一樣。這就是香港。甚麼都不容易留下痕跡，打風如是，疫情也如是。疫情後不只要盡快如常生活，更是像剪片般，像疫情沒有發生過似的活著，只著意向着前面的日子去跑，甚至要追回之前所失去的，報復性消費及報復性收費應運而生，但是因疫情而帶來的提醒（如：公衆衛生、互助精神及珍惜眼前人等等），已經輕飄而去。

但是我們的生命不就是一天一天的把這些經歷一步步走過嗎，不留痕跡的嗎？其實或許只是我們沒有在意這些痕跡及其中的訊息，過去對於將來的意義，真的是不少呢！

這 5 年以來一點一滴踏上長崎基督信仰歷史痕跡，每踏進一步便更深的進入當時一個歷史時光隧道，所看到所思想所感受的，真的是不住的在心內回甘縈繞着。

不重複其中的景點細節，但想將其中的重點感受和寶貴的你分享：

人

回想起很多在這 5 年旅程中和日本人的互動交流，留下深刻的印象…

- 長崎市內的豬扒飯小店，老夫婦老闆在八號颱風中，特別為我們開店預備食物及接待
- 在天草區荒僻漆黑一片的路上，走進一間只有 5 個座位的壽司店，跟老夫婦老闆（呵呵，不知為何食店老闆都是老夫婦），和鄰座的另一對街坊老夫婦，一起用手機翻譯溝通暢快，吃得開懷（這對街坊老夫婦：我們隔天在往離島的船上竟然又碰着他倆，大家也很親切的互相擁抱問候）

- 去五島時因為是我自己弄錯了，但店員漲紅了臉仍應堅持以日本精神，給我說錯的價錢提供租車給我們
- 五島其中一所教會前 80 多歲的婆婆在小店為客人沖咖啡，她的笑容，現在還記得很清楚
- 在出津多羅神父紀念館遇上的修女，她謙卑默默服侍的身影，每一次想起，也感受她靈裡的溫柔
- 天草碼頭附近的壽司店老闆 A，因為遇上我們很興奮的要和他的朋友分享（因很少香港人到訪）；次日我們去天草另一邊的小壽司店認識了老闆 B，那知原來老闆 B 就是老闆 A 所分享的朋友，所以我們一去到壽司店的時候，老闆 B 就更加興奮
- 還有很多很多…

旅途上留痕最深的，不只是甜蝦的鮮味，而是其中和當地人結連溝通的人情味，香甜而久遠！

"人間是如此悲哀，主啊！海卻是如此的湛藍"

遠藤周作的題詞

神

看着其中的展覽物品，或注視著信徒受逼迫的佈置場景，好像能感受到當時信徒所面對的一點點。閉上眼想想，神是沉默的嗎？祂是不理信徒的受苦嗎？人正常的想法是脫困就是神有回應（不沉默）；祂卻是以另一種方式去回應：與和當時歷史中的每一位信徒同在，給他們力量面對。今天，深信神仍會以祂的方式去回應我們，而不獨限於以我們期盼的方式臨在。祂是以馬內利的神，所以祂不只是在看着，而是主動地在我們身旁，在我們心內，同在。祂也是如此的一步一步踏進歷史當中，當自己一路看著這些信仰歷史痕跡，更深感受祂是掌管着歷史的神。

其實這五年的尋覓之旅，就是神在其中不住的引導著，很奇妙的一次又一次很清晰揭示祂很想我們再去長崎，去更深的默想體會，例如：我倆很少看電視台所播放的電視節目，只是偶然而已。但是奇妙的是，在我們求問是否要再去長崎時，不知怎的那段時間只要打開電視，不管是那天按到那一個電視台，竟

然很多時候都在播有關長崎的節目或報道；又有一次，當時我倆身處長崎，在說笑不知下次甚麼時候再來；晚上回到酒店打開電視，那知當時日本的電視台就正正播放出宣布在數月後，開始由香港直航長崎的新航線新聞報道…很多生命中的點點滴滴，讓我們更深察覺祂的不沉默…

在野崎島上的打卡
（小鹿在林中）

當時的信徒

殉道的信徒，他們着實有無比的勇氣，面對身體的受苦，不是一刻間的苦，而是不知道要承受多久身體上的苦，甚至是看着自己所愛的人受苦；在這麼困難的情況下，卻仍願意放膽的見證神，深信這不是為了讓人看見，而是他們真實的信仰宣言。

潛伏的信徒，他們承受的苦比殉道的少嗎？要面對自己內心的控訴，卻又不能否定自己真正願意信靠神，在荒野之中暗黑裡一代又一代的堅持承傳下去…尤記得在冬天5度左右到達野崎島（現在是無人島，但島上有著一座壯觀的教堂，是當時信徒在開國後同心建造的）。當時寒風陣陣，真的吹到鼻水也流不停。抬頭從山頂往海面上看，看到一道又一道的耶穌光，從雲間照射下來，彷彿是一個射燈燒在海上，又照到島上的我們。那一刻不禁在想，500多年前受逼迫藏身於島上的信徒，有可能每一天看着同樣的耶穌光，在困境風雨中，這一道光尤如帶來溫暖力量及無比的同在感…是的，只要抬頭遠看，便會看到神和自己在一起，難處不會再成為惟一焦點。

荒山旅店也不缺美味麵包！好喜歡

又想起原爆後的長崎之光永井隆博士，他在長崎歷史中扮演了一個很重要的角色，就是結連 500 年前的受逼迫信徒，和現今這個時代的信徒，在其中作了一個連繫者。受逼迫信徒持守他們的信仰，或因信仰獻上自己的生命，是他們榮耀神的方法；永井隆博士用他的生命，活出神給他的愛及盼望的樣式，讓當時長崎這個城市更有溫度；今天，在這個大時代當中，你我又願意活出怎麼樣的一個生命去榮耀祂？

人與神

探訪有同樣感動的日本宣教士

記得在大浦天主堂、浦上天主堂，甚至其他的天主堂，每當遇上天主教徒進入教堂中，或是他們離開教堂時，看到他們身體上真實表達對神的尊崇敬畏：他們鞠躬，而且離開教堂時，不願意把背脊向着十字架，所以是向後行幾步才轉身。這些小處都感受他們在生活中，真實把神看為

神，尊敬祂尊崇祂。反觀看看我們現代的基督徒，我們著實是否對神太鬆懈，而缺少一份時刻的崇敬？…我甚至見過在崇拜聖餐時，不只見到有會眾手機不離手，更甚是立即拿著聖餐餅拍照打卡放上 *IG FB*，好像 *Facebook*、*WhatsApp*，甚至遊戲機裡面的人，都比神重要…？

細看每一座的世遺教堂（我們一共拜訪共 12 座有多），深深感受到信徒在重光（可以自由光明的承認自己是信神的人）之後，一起同心來敬拜上帝，其中的歡欣跳躍…在這些文化遺產的教堂中，閉上雙眼，好像聽到他們歡呼的歌聲及跳躍的舞步！

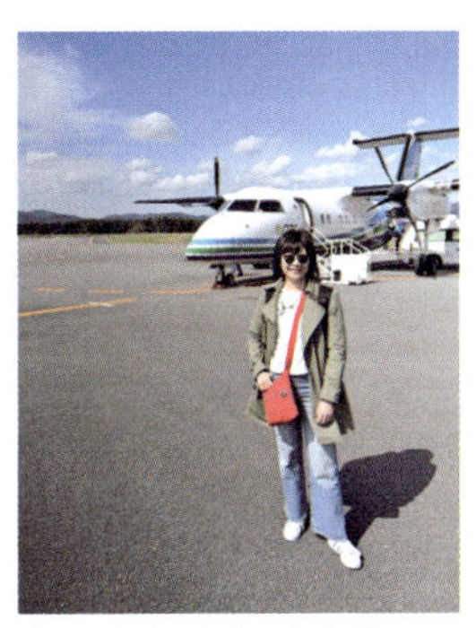
去五島坐的小型飛機

今天我們到教會敬拜神，可能來得太容易了，不到這家可以到那家，總有一間在附近，不然網上教會也多的是，手到拿來。當時的信徒那一份因著珍惜而歡欣跳躍，著實是我們要好好學習的，這份歡欣跳躍，可能就是締造這個世界文化遺產的動力！

欣賞親愛的 *Daniel*，因著這份在長崎尋覓的感動，帶來靈裡的歡欣跳躍動力，也締造這本書的出現及完成，是一個在我倆生命中莫名的奇蹟！

Maggie 9/2023 香港

> 冬冬與菇菇

"喵"…"喵"…"喵"

總是在我寫作之時，要跑進書房來搗蛋和睡覺！
寫作是有點孤獨的思考掙扎過程，也是必需的長成經驗，
所以也多謝冬冬和菇菇的陪寫日子！

還在寫，開飯未啊？

冬冬和菇菇 9/2023 香港

哥拉巴園
歐洲味道的甜品

感謝讀者的支持 就是我們的甜點

聯 絡

Daniel

daniel8169@gmail.com

個人 *YouTube* 頻道

尋覓之旅的短片

屬於你的感動筆記：

期待寶貴的你將讀後感想電郵給我們：***daniel8169@gmail.com***

神 在 其 中 最 重 要

在黑暗罪惡張狂的世代
神的百姓同樣經歷艱難困苦
也是顯露時刻
信仰的真偽和淨化信念
一宿雖然有哭泣，早晨便必歡呼！

西番雅書 3 章

14 錫安的民哪，應當歌唱！以色列啊，應當歡呼！
耶路撒冷的民哪，應當滿心歡喜快樂！
15 耶和華已經除去你的刑罰，趕出你的仇敵。
以色列的王耶和華在你中間，你必不再懼怕災禍。
16 當那日，必有話向耶路撒冷說：
"不要懼怕！錫安哪，不要手軟！
17 耶和華你的神是施行拯救、大有能力的主！
他在你中間必因你歡欣喜樂，
默然愛你，且因你喜樂而歡呼。"

野崎島上的潛伏信徒，遠望汪洋大海相信上帝同在

沉默的感動 遇上日本長崎的尋覓之旅

作者：陳凱威（Daniel）
編輯及設計：*Daniel & Maggie*

出版：初文出版社有限公司
電郵 *manuscriptpublish@gmail.com*

印刷：陽光印刷製本廠

發行：香港聯合書刊物流有限公司
香港新界荃灣德士古道 220-248 號
荃灣工業中心 16 樓
電話 (852) 2150-2100　傳真 (852) 2407-3062

海外總經銷：貿騰發賣股份有限公司
電話 886-2-82275988　傳真 886-2-82275989
網址 *www.namode.com*

版次：2024 年 3 月初版
國際書號：978-988-70340-9-4
定價：港幣 140 元　新臺幣 550 元

Published and printed in Hong Kong

香港印刷及出版

版權所有・翻版必究

期待 下一次 有您一起的 一份莫名的感動